# 哲學的40堂公開課

從「提問的人」蘇格拉底到電腦之父圖靈，與大師一起漫步的哲學小旅程

# A LITTLE HISTORY OF PHILOSOPHY

NIGEL WARBURTON

奈傑爾・沃伯頓 著

吳妍儀 譯

# 推薦序

《哲學的40堂公開課》是一本普及哲學教育的書籍。翻譯的文筆頗佳，讀起來不像是在讀那種被逼迫要思考的哲學經典，卻倒有點像是坐上一班哲學歷史的列車，看著人類思想文明從古希臘的哲學導師蘇格拉底開始，慢慢地一站又一站的來到今天。讀後，我有一種被捲入思想列車的感覺。

這本書具有縱向與橫向兩方面的優點。首先，它基本上就是一本西洋哲學史的簡易本，在閱讀它的過程中，讀者不但會產生時間的序列感，也會對不同時代發生的事情與哲學思想之間的互動產生脈絡感。這種感覺很重要，因為讓人覺識到時間的流逝中，也一些東西是不變的。

其次，在橫向上，讀者可以感覺得出來，哲學家從事思想的主要目的，不在於找尋終極的答案，而在於堅持自己的論證，即使這些論證與當代人的想法極為不同，也不在乎。縱向的歷史與橫向的堅持這兩點，讓我們看得出來，作者有心讓哲學家以歷史的縱深呈現自我，也以共有的特徵，形成充滿智慧的一群人。最後，作者很巧妙地把辛格與蘇格拉底不畏懼眾人眼光的個性連在一起，間接地告訴我們，哲學的歷史是超越時間與空間的。

這是一本有趣的哲學書，適合想知道哲學是什麼的人閱讀。我鄭重地推薦此書。

國立台灣大學哲學系教授苑舉正

一〇三年八月十三日

目錄

· 1 ·

# 提出問題的人

## 蘇格拉底與柏拉圖

在大約兩千四百年前的雅典，有個男人因為問了太多問題而被處死。在他出現之前，也有過別的哲學家，不過是在有了他以後[1]，這個學門才真正起飛。如果哲學有個主保聖人，這人就該是他——蘇格拉底。

塌鼻子、矮胖身材、衣著寒酸又有點古怪，蘇格拉底在世間格格不入。雖然形體醜陋還常常沒洗澡，他卻很有領袖魅力，還有一顆卓越的心靈。雅典的每個人都同意他這種人算是前無古人，可能也後無來者。他自成一格，卻也極端煩人。他自認為是一種咬人很痛的馬蠅——牛虻。牛虻很煩人，卻不會造成嚴重傷害。然而不是所有雅典人都同意這個說法。有些人愛他，其他人則覺得他是一股危險的影響力。

他年輕時是勇敢的士兵，在伯羅奔尼撒戰爭中奮戰，對抗斯巴達人及他們的盟友。到了中年，他在市集裡到處閒晃，偶爾把路人攔下來，問他們尷尬的問題。他的作為大致上就只有這樣，不過他的提問都非常犀利；這些問題乍看很直接，實則不然。

1 蘇格拉底（Socrates），西元前 469 年－前 399 年，古希臘哲學家。

## ・問出理解的極限

有一個例子就是他跟歐西德莫斯的對話。蘇格拉底問他，存心騙人算不算不道德。歐西德莫斯回答當然算，他認為這很明顯。但蘇格拉底問道，如果你遇到朋友心情非常低落，可能會自殺，你把他的刀藏起來呢？那樣是騙人的行為嗎？當然是。不過這樣做與其說不道德，還不如說是合乎道德，不是嗎？這是好事，不是壞事，雖然這是騙人的行為。歐西德莫斯說是的，他現在進退兩難了。蘇格拉底用了一個聰明的反例，顯示出歐西德莫斯的見解，即存心騙人是不道德的，並不適用於所有狀況。歐西德莫斯以前可沒領悟到這一點。

蘇格拉底一再顯示，他在市集中碰到的人其實並不知道他們自以為知道的事。一位軍隊指揮官在跟他剛開始對話時，會自信滿滿地宣稱知道「勇氣」是什麼意思，但二十分鐘以後，他會在徹底迷糊的狀態下離開。這種經驗想必讓人心神不寧。蘇格拉底樂於揭露世人對事物真正理解程度的極限，質疑他們賴以建立生活的種種假設。如果對話結束時，人人都領悟到自己知道的事情何其稀少，對他來說就是一大成功；這樣總好過於你繼續以為自己懂的事情其實根本不懂。

在當時的雅典，富家子弟會被送去跟詭辯學者學習。詭辯學者是些精明的老師，會指導學生精進說話的藝術，收取非常高昂的學費。蘇格拉底則相反，他的服務並不收費。事實上，他聲稱他什麼都不知道，怎麼可能教別人呢？這並沒有阻止學生投入他門下，聆聽他的對話。他也因此不受詭辯學家歡迎。

有一天，他的朋友凱勒豐去德爾菲的阿波羅神廟找神諭使者。神諭使者是個睿智的老婦，一位女預言家，她會回答訪客的問題，通常是以謎題的形式給出答案。凱勒豐問：「有任何人比蘇格拉底更有智慧嗎？」答案是：「不，沒有人比蘇格拉底更有智慧。」

在凱勒豐告訴蘇格拉底這件事的時候，他起初並不相信。這句話真的難倒他了。他納悶：「既然我知道的這麼少，怎麼可能是雅典最有智慧的人？」他花了好幾年致力向別人提問，看看是否有任何人比他更有智慧。最後他領悟了神諭使者的意思，而她是對的。許多人都有自己的專長，不同人會做的事不一樣，例如木匠擅長木工，士兵懂得作戰，但他們沒有一個人真正具備智慧。他們並不真的知道自己在談論什麼。

## • 追尋存在的本質

「哲學家」這個詞來自希臘語，意思是「智慧之愛」。本書所追隨的西方哲學傳統，從古希臘傳布到世界上各大地區，偶爾還與來自東方的思想彼此滋養。這個傳統所重視的智慧，是以論證、推理與發問為基礎，而不是只因為某位要人告訴你這些話千真萬確就信了。對蘇格拉底來說，智慧並不是知曉大量的事實，或者知道怎麼做某件事。智慧表示了解我們存在的真正本質，包括我們的知識能力極限。今天的哲學家或多或少都在做蘇格拉底所做的事情：提出困難的問題，仔細檢視理由與證據，掙扎著回答一些我們能夠自問的最重要問題：現實界的本質，還有我們應該怎麼樣過活。然而跟蘇格拉底不同的是，現代哲學家具備一個優勢：有將近兩千五百年哲學思維做為思考的基礎。這本書裡檢視了一些關鍵思想家的思想，他們就是在蘇格拉底所開啟的西方思維傳統下寫作。

蘇格拉底之所以如此睿智，是因為他不斷地發問，而且總是願意把他的理念拿出來辯論。他宣稱，只有在你思索自己的作為時，生命才值得繼續。不假思索的存在對牛群來說全無問題，但人類不是這樣過的。

蘇格拉底是很不尋常的哲學家，他拒絕寫下任何東西。對他來說，講話遠比寫作好得多。面對文字，你無法回嘴；在你不了解文字意義的時候，它們也無法做任何解釋。他堅持面對面的對話要好得多。在對話之中，我們可以同時考慮說話的對象是哪種人；我們可以改變自己的說明方式，好讓對方能夠理解訊息。因為他不肯寫下來，我們主要是透過蘇格拉底門下高徒柏拉圖[2]的作品，才對這位偉人相信與論辯的事物有了不少概念。柏拉圖寫下了蘇格拉底與他質問的對象之間的一連串對話。這些文章被稱為柏拉圖對話錄，既是偉大的文學作品，也是偉大的哲學作品——從某方面來說，柏拉圖就是他那個時代的莎士比亞。閱讀這些對話錄時，我們大致知道了蘇格拉底是什麼樣的人、他有多聰明、又有多讓人火大。

但事實上卻沒有那麼直截了當，因為我們不見得能夠分辨柏拉圖是否如實寫下蘇格拉底的話，或者只是把自己的理念放到他稱為「蘇格拉底」的角色嘴裡。

大多數人相信出自柏拉圖、而非蘇格拉底的其中一個理念是：世界完全不是它表面上那個樣子。表象與現實之間有顯著的差異。我們大多數人都誤把表象當成現實。我們自以為了解，其實不然。柏拉圖相信只有哲學家了解世界真正的樣

2 柏拉圖（Plato），西元前 427 年－前 347 年，古希臘哲學家。

子。他們透過思考而非仰賴感官，來發現現實的本質。

## ‧洞窟與陰影外的真實

為了說明這個論點，柏拉圖描述了一座洞窟。在那個想像中的洞窟裡，有些人被鎖鏈束縛住，面對一堵牆。他們可以看見前方有閃動的陰影，相信那就是實物，但其實不是。他們看見的，是他們背後的火堆前舉起的一樣物體所投射出的陰影。這些人一輩子都認為投射在牆上的陰影就是真實世界。然後他們之中有一個人掙脫了鎖鏈，轉身面對火堆。起初他目光矇矓，但接著他開始看出自己身在何處。他跌跌撞撞走出洞窟，終於能夠看見太陽了。在他回到洞窟裡的時候，他告訴其他人關於外界的事，卻沒有人相信他。這個贏得自由身的人就像哲學家，他看到表象以外的事物。普通人對於現實沒什麼概念，因為他們滿足於注視就在他們面前的東西，而不是對此做更深入的思考。不過表象是會騙人的。他們見到的是影子，不是現實。

洞窟的故事跟後來所謂的「柏拉圖理型論」有關。要了解這個理論，最輕鬆的辦法是舉個例子。想想你這輩子見識過的所有圓圈，當中有任何一個是正圓嗎？沒有。沒有一個是徹底完美的。正圓的圓周上每一點跟圓心之間的距離都完全一樣，而現實中的圓從來不是如此。不過在我用到「正圓」這個詞的時候，你還是明白我在說什麼。所以正圓是什麼？柏拉圖會說，正圓的概念是一個圓的「理型」。如果你想了解一個圓是什麼，你應該聚焦在圓的理型上，而不是你能畫出來、並且透過視覺感官經驗到的實際的圓，那些實際的圓在某方面都是不完美的。同樣地，柏拉圖也認為，如果你想了解善是什麼，那你就必須專注於善的理型，而不是你見證到的特定善行實例。哲學家就是那些最適合以這種抽象方式思考理型的人；普通人在透過感官捕捉理型的時候，會被這個世界誤導。

## ・極權的哲學家之國

因為哲學家擅長思考現實，柏拉圖相信他們應該負起責任，掌握所有的政治權力。在他最著名的作品《理想國》中，他描述了一個想像中的完美社會。哲學家居於首位，享有特殊的教育，但為了他們所統治的公民，會犧牲自己的享樂。在他們之下的是受訓捍衛國家的士兵，在士兵之下的則是工人。柏拉圖認為，這三個群體會處於完美的平衡狀態，就像一個均衡健全的心靈以理性的部分來駕馭情緒與欲望。不幸的是，他的社會模型非常反民主，結合了謊言與武力來持續控制人民。他會禁止大多數的藝術，理由在於他認為藝術以虛假的方式呈現現實。畫家畫出表象，但相對於理型，表象卻是虛假的。在柏拉圖的理想國裡，人生的每一個層面都會受到由上而下的嚴格控制。這就是我們現在所說的極權國家。柏拉圖認為，讓人投票就像是讓乘客來為船掌舵——若讓知道自己在做什麼的人來負責，就好得多了。

五世紀的雅典跟柏拉圖在《理想國》中想像的社會很不一樣。雅典算是某種民主政體，不過只有大約百分之十的人口能夠投票。舉例來說，婦女和奴隸就自動排除在外。不過在法律之前，公民都是平等的；還有精心設計的抽籤體系，確保每個人都有公平機會影響政治決定。

## ・不思考，毋寧死

整體而言，雅典人不像柏拉圖那樣極度推崇蘇格拉底。正好相反，許多雅典人覺得蘇格拉底很危險，又刻意動搖政府基礎。在西元前三九九年，蘇格拉底七十歲時，有一位雅典人馬雷特斯把他告上法庭。馬雷特斯聲稱蘇格拉底忽視雅典眾神，引進他自己的新神祇。他也認為蘇格拉底帶壞雅典年輕人的行為，鼓勵他們反對當權者。這些指控都非常嚴重，但我們很難知道到底有多精確。或許蘇格拉底真的鼓勵門徒不要遵從國定宗教，也有些證據顯示他以嘲弄雅典式民主為樂，這樣做跟他的性格相符。可以確定無疑的是，許多雅典人相信這些指控。

他們投票決定他是否有罪。在構成龐大陪審團的五百零一位公民之中，剛好過半的人認為他有罪，判了他死刑。如果他有意的話，或許可以靠雄辯滔滔逃過一死。但他反而忠於身為牛虻的名聲，辯稱自己沒做錯任何事，他們其實應該褒獎他，讓他一輩子都有免費三餐可吃，而不是懲罰他。這番話更進一步惹惱了雅典人。結果並不好。

他的處決方式是被迫飲下毒蘿蔔汁，這種植物會讓身體逐漸癱瘓。蘇格拉底向妻子與三個兒子告別，然後把學生聚集到身邊。就算可以選擇不問任何難題、平靜度日，他也不會這樣做。他寧鳴而死，不默而生。他內在有個聲音叫他要繼續質疑每件事，他不能背叛這個聲音。然後他便喝下了那杯毒藥，很快就去世了。

然而蘇格拉底繼續活在柏拉圖的對話錄裡。這個難以應付的男子始終問個不停，寧死也不願停止思考事物的真相；此後，他成了後世哲學家的靈感來源。

蘇格拉底對周遭的人產生了直接的影響。柏拉圖在蘇格拉底死去以後，秉持著他老師的精神繼續教學。顯然他最傑出的弟子就是亞里斯多德。而亞里斯多德是另一種類型的思想家，跟兩位前人都有很大的不同。

· 2 ·

# 真正的快樂

## 亞里斯多德

「孤燕不成夏。」你可能以為這句話是莎士比亞或者哪個偉大詩人寫的，聽起來理應如此。實際上卻是出自亞里斯多德[1]的書《尼各馬科倫理學》，書名如此是因為他把這本書題獻給兒子尼各馬科斯。他要指出的重點是：要證明夏天真的來了，而不只是有一天特別暖，需要的證據不只是一隻燕子歸來；同理可證，一些開心的時刻相加起來，並不等於真正的快樂。對亞里斯多德來說，快樂並不只是關乎暫時的喜悅。讓人訝異的是，他認為孩童是不可能快樂的。這聽起來很荒謬。如果孩童不可能快樂，還有誰能？不過這個看法顯示出他對快樂的觀點與我們大異其趣。孩童才剛開始他們的人生，所以從任何意義上來說，都還沒有豐富的人生。他主張真正的快樂必須先經歷過較長的人生。

## ・手指眼前世界的哲學家

亞里斯多德是柏拉圖的學生，柏拉圖則是蘇格拉底的學生。所以這三位偉大思想家形成了一個傳承鏈：蘇格拉底—柏拉圖—亞里斯多德。這狀況很常見。天

1　亞里斯多德（Aristotélēs），西元前 384 年－前 322 年，古希臘哲學家。

才通常並不是憑空冒出來的，他們大多數都有一位很有啟發性的老師。不過這三位大師的思想彼此之間差異很大，他們並不只是鸚鵡學舌般重複學過的事情，每個人都有一條獨創的進路。簡單說來，蘇格拉底是偉大的講者，柏拉圖是絕佳的作家，亞里斯多德則對一切都有興趣。蘇格拉底跟柏拉圖把我們所見的世界視為真正現實的蒼白反映，現實只有透過抽象的哲學思維才能觸及；亞里斯多德卻正好相反，著迷於他周遭萬事萬物的細節。

不幸的是，幾乎所有留存至今的亞里斯多德作品，其形式都是演講筆記。即使文字風格通常很枯燥乏味，他的思想紀錄仍然對西方哲學造成巨大的影響。而且他不只是哲學家，也著迷於動物學、天文學、史學、政治學與戲劇。

他在西元前三八四年生於馬其頓，曾跟隨柏拉圖學習，學成之後雲遊各地，擔任過亞歷山大大帝的導師，然後在雅典成立自己的學校，稱為萊西恩學苑。這是古代世界中數一數二的知名學習中心，有點像是現代的大學。他從那裡派出許多研究人員，這些人會帶著從政治社會到生物學的一切新資訊回來。他也創立一座重要的圖書館。在拉斐爾繪的一幅文藝復興時期名畫《雅典學園》中，柏拉圖往上指向理型界，亞里斯多德則相反，手往前伸，指向他眼前的世界。

柏拉圖會滿足於坐在一張扶手椅上做哲學思考，但亞里斯多德想要的是探索我們透過感官所經驗的現實。他不接受老師的理型論，反而相信：了解任何一個知識範疇的方法，就是檢視其中的個別實例。所以他認為要了解貓是什麼，你必須去看真正的貓，而不是抽象地想著貓的理型。

## ・美麗人生不能只有愉悅

亞里斯多德反覆琢磨的一個問題是：「我們該怎麼活？」在他之前，蘇格拉底跟柏拉圖兩人也都問過。這個問題讓人覺得有回答的需要，也是一開始吸引人投向哲學的部分理由。亞里斯多德有自己的答案，簡單說就是：尋求快樂。

不過「尋求快樂」這句話是什麼意思？今天大多數人聽到尋求快樂，會想到的是自己尋歡作樂的種種方式。或許對你來說，快樂表示異國假期、去參加音樂節或派對，或者跟朋友共度時光；快樂也有可能是縮在舒適角落看你最愛的書，或者去一間藝廊。雖然這些事情可能是亞里斯多德心目中美好人生的成分，但他肯定不會相信最好的生活就是出門去找樂子。就他的觀點來看，光是這樣不算美好的人生。亞里斯多德用的希臘語詞是*eudaimonia*（意思是「活得很好」），有時候翻譯為「欣欣向榮」或「成功」，而不是翻成「快樂」，不只是你吃到芒果冰淇淋或者看到你最愛的球隊贏球的那種愉悅。*eudaimonia*不只是稍縱即逝的極樂瞬間或者你當時的感受，而要比那更客觀些。這個概念很不好掌握，因為我們太習慣認定快樂就是我們的感覺而沒想到其他。

請想像一朵花。如果你替它澆水，給予足夠光線，也許稍微施點肥，那麼它就會長大開花。如果你忽略它，一直擺在黑暗中，讓昆蟲咬它的葉子，放任它乾渴，它就會枯萎死去，就算不死也會變成一棵很不好看的植物。人類也可以像植物一樣欣欣向榮，不過我們不像植物，可以自己做選擇：我們決定自己想做什麼、想成為什麼。

亞里斯多德確信有「人類本性」這樣的東西，照他的說法，人類有一種天生功能，有一種生活方式最適合我們。把我們跟其他動物及萬事萬物區隔開來的東西，就是我們能夠思考並推論自己該做什麼。從這一點，他得到結論：對人類來說最好的一種生活，就是善用我們理性能力的生活。

## ・首先要成為更好的人

讓人訝異的是，亞里斯多德相信你不知道的事物，甚至是你死後的事情，令對你的 *eudaimonia* 有所貢獻。這說法乍聽很古怪。假使沒有來生，你不在人世以後發生的事情怎麼可能影響你的快樂？唔，想像你為人父母，而且你的快樂有一部分是建築在對子女未來的希望之上。如果那孩子在你死後不幸生了重病，那麼你的 *eudaimonia* 就會受到此事影響。從亞里斯多德的觀點來看，你的人生會變糟，雖然實際上你不會知道兒女生了病，你也已經不在人世。這個例子清楚凸顯他的觀點：快樂不只是跟你的感覺有關。這種意義上的快樂是指你在人生中的整體成就，你關心的人身上發生什麼事情也會影響到你。你無法控制也不會知道的事情會影響這種快樂。你快樂與否，有一部分要仰賴好運。

核心問題是：「我們能夠做什麼增加得到 *eudaimonia* 的機會？」亞里斯多德的答案是：「發展性質正確的人格。」你必須適時感覺到性質正確的情緒，而這些情緒會引導你做出良好的舉止。這有一部分跟你如何被帶大有關，因為發展良好習慣的最佳方式，就是在早年就熟悉這些習慣，所以也受到運氣的影響。好的行為模式是美德；壞的行為模式就是罪惡。

我們來思考一下戰時的勇敢美德。為了從來襲的軍隊手中救出平民，一位士兵可能需要拿個人生命冒險。有勇無謀之人無論如何都不關心自己的安危，他會一頭衝進險境，甚至連不必要的時候都這樣做，但那算不上是真正的勇氣，只是魯莽地以身涉險。懦弱的士兵則是另一個極端，他沒有足夠勇氣克服恐懼，根本無法適當地行動，在最需要他的那一刻卻驚恐得動彈不得。然而一個英勇或有膽識的人，雖然此時此地還是會感覺到恐懼，卻能夠克服並採取行動。亞里斯多德認為每種美德都是介於兩個極端之間，就像勇氣是介於有勇無謀跟懦弱之間一樣。有時候這被稱為亞里斯多德的中庸黃金律。

亞里斯多德的倫理學進路並不只有歷史價值而已。許多現代哲學家相信，他強調發展美德的重要性是正確的，他對快樂為何的觀點也很精確又富有啟發性。他們認為，與其尋求增加生活中的樂趣，我們反而應該試著變成更好的人、做正確的事。如此一來，人生才變得美好。

這一切聽起來好像表示亞里斯多德只對個人發展感興趣，實則不然。他論證過，人類是政治動物。我們必須能跟其他人共存，也需要一個法律系統來應付我們本性之中較黑暗的部分。*eudaimonia* 只有在社會生活中才可能達到。我們一起活著，而且必須處於一個井然有序的政治國家之中，跟周遭的人互動良好，才能找到快樂。

然而，亞里斯多德的才華有個不幸的副作用。他本人如此聰慧，研究又這麼全面，導致許多讀過他作品的人相信他對一切的看法都是對的。這種想法不利於求進步，也不利於蘇格拉底所開啟的哲學傳統。在他死後數百年間，大多數學者都接受他對世間萬物的看法，覺得無可置疑。如果他們能證明亞里斯多德說過某件事，對他們來說就足夠了。這有時候叫做「訴諸權威」，也就是相信某件事情一定是真的，因為某位重要的「權威」人士說就是這樣。

如果你從高處丟下尺寸相同的一片木頭跟一塊沉重的金屬，你認為會發生什麼事？哪個會先著地？亞里斯多德認為比較重、用金屬做的那一個，往下掉的速度會比較快。實際上卻不是這樣，兩者以相同速度墜落。不過因為亞里斯多德聲稱這是真的，整個中世紀幾乎每個人都相信必定如此，再也不需要別的證據了。十六世紀，據稱伽利略把一顆木球跟一顆加農砲彈從比薩斜塔上往下丟，以便求證。兩者同時落地，所以亞里斯多德錯了；但此事原本在老早以前就可以輕易證實。

仰賴別人的權威，完全跟亞里斯多德的研究精神背道而馳，也跟哲學精神相左。權威本身並不能證實任何事。亞里斯多德自己的方法就是調查、研究加上清楚的推論。哲學在辯論中、在可能出錯中、在挑戰性的觀點中、也在探索不同選擇之中茁壯。幸運的是，在大多數年代中，都有哲學家很樂意對別人聲稱必然如此的事情做批判性的思考。有一位試圖對幾乎所有事物批判思考的哲學家，就是懷疑論者皮羅。

· 3 ·

# 我們一無所知

皮羅

沒有人知道任何事情，甚至連這一點都是不確定的。你不該仰賴你相信為真的事情，你可能錯了。一切都可以質問，一切皆可疑。所以，最佳的選擇就是保持心胸開放。不要投入信念，你就不會失望。這是懷疑主義的主要教誨，這種哲學在古希臘與後來的羅馬流行了好幾百年。不同於柏拉圖與蘇格拉底，最極端的懷疑論者對不管任何事物都避免抱持堅定意見。古希臘人皮羅[1]是歷代最著名、可能也是最極端的懷疑論者。他的人生無疑是很古怪的。

你可能會相信你知道各種事情。舉例來說，你知道你現在正在讀這本書。不過懷疑論者會挑戰這一點。想想為什麼你相信你真的在讀這本書，而不只是在想像中這麼做。你能夠確定你是對的嗎？你似乎是在閱讀，在你看來是這樣。可是或許你出現幻覺，或者在做夢（這是笛卡兒在一千八百多年後會發展的概念，見第十一章）。蘇格拉底堅稱他所知的一切就是他知道的少之又少，這也是一種懷疑論。不過皮羅把這個觀點推得更遠，甚至可能有點過火了。

如果關於皮羅生平的記述可信（或許我們對此也該懷疑），他是靠著不把任何事情視為理所當然起家的。就像蘇格拉底，他從來不把任何東西寫下來。所以我們對他的了解是來自別人的記錄，大部分是在他死後數百年寫下的。其中一個

1 皮羅（Pyrrho），約西元前 365 年－前 270 年，古希臘哲學家。

人是第歐根尼·拉爾修[2]，他告訴我們，皮羅後來成了名流，在他居住的艾利斯被任命為高級僧侶，為了對他表示敬意，哲學家在這裡不用繳稅。我們沒有辦法查證此事是否屬實，不過哲學家免稅的主意聽起來很不賴。

## ·感官不可信，被狗咬也未必是真的

不過就我們所知，皮羅以某些相當不尋常的方式，身體力行他的懷疑主義。如果沒有朋友保護他，他在世的時間會非常短促。任何極端的懷疑論者都必須有疑心沒那麼重的人支持，或者是非常好運，才能長久生存。

以下是他對人生的看法。我們不能完全信任感官；有時候感官會誤導我們。舉例來說，你很容易就搞錯你能在黑暗中看到什麼。看起來像是狐狸的東西，可能只是一隻貓。或者你可能以為聽到有人在叫你，卻只是風吹過樹木而已。因為感官經常誤導我們，皮羅決定絕對不要信任感官。他並沒有排除感官或許會給他精確訊息的可能性，但他對這件事保持開放態度。

2　第歐根尼·拉爾修（Diogenes Laertius），羅馬時代作家。曾編撰《哲人言行錄》，為古希臘哲人作傳。

所以，雖然多數人會認為看到落差陡峭的懸崖邊緣，就能證明繼續往前走是極愚蠢的行為，皮羅卻不這麼想。感官可能會欺騙他，所以他不信任感官。就算他感覺到自己在懸崖邊緣蜷縮起腳趾，或者感覺到自己往前傾倒，也無法讓他確信自己就要掉到下面的岩石上。對他來說，就連栽到石頭上是否會大大傷害他的健康，都不算是顯而易見。他怎麼能夠徹底確定這一點？那些想來並不全是懷疑主義者的朋友，會在發生意外之前制止他，不過如果他們沒這麼做，他每隔幾分鐘就會惹上麻煩。

如果你不能確定野狗想傷害你，幹麼要怕牠們？就只是因為牠們在咆哮，齜牙咧嘴又朝你衝過來，並不表示牠們一定會咬人。就算牠們真咬下去了，也不必然會痛。你過馬路時為什麼要在意往來的車輛？那些貨車可能不會撞到你。誰真的知道呢？話說回來，你活著或死了到底有什麼差別？皮羅以某種方式設法在生命中實踐他徹底淡然處世的哲學，戰勝了所有尋常自然的人性情緒與行為模式。

總之傳說如此。有些關於他的故事，可能只是別人為了取笑他的哲學而捏造的，但不太可能全部是虛構的。例如他有個著名事跡：在船上遇到一場所有人生平見過最嚴重的風暴，只有他從頭到尾完全冷靜。風把船帆扯成碎片，巨浪就打在船身上，他身邊每個人都嚇壞了，但皮羅完全不受干擾。既然表象常常都是騙人的，他無法完全確定風暴真會帶來任何傷害。就連最有經驗的水手們都驚慌失措的時候，他仍設法保持平靜。他展現出，人在這種狀況下也有可能保持無動於衷。這個故事聽起來很真實。

皮羅還年輕的時候曾經造訪印度，或許就是這趟旅行啟發他那種不尋常的生活方式。印度有靈修老師或「大師」（guru）的偉大傳統，他們會讓自己的身體經歷很極端、幾乎讓人無法置信的剝奪匱乏：活埋、在身體敏感部位掛上重物，或者連續好幾星期不靠食物過活，藉此達到內在的寧靜。皮羅的哲學進路肯定跟神祕主義者的方法很相近。不管他用什麼樣的技巧達到這一點，他肯定實踐了他宣揚的道理。他的冷靜心態讓周遭的人留下深刻印象。他不會對任何事感到激動的理由是，就他看來，幾乎所有事情都只是觀點的問題。如果沒有機會發現真相，人就不需要發愁了。於是我們就能跟所有堅定信念保持距離，因為堅定的信念總是牽涉到某種誤解。

## ‧所有一切都無法確定，於是淡定

如果你見到皮羅，你可能會認為他瘋了。或許他在某方面確實瘋了，但他的觀點跟他的行為是一致的。他會認為你各式各樣的確切信念就是不合理的，而且阻礙你獲得平和的心境。你把太多事情視為理所當然了。這就好像在沙地上蓋起一間房屋，你的思想地基並不像你想要相信的那樣堅實，而且不太可能讓你快樂。

皮羅用三個問題來簡潔概括他的哲學，想要快樂的人都應該這麼問：

**事物真正的樣貌是什麼？**

**我們對這些事物該採取什麼態度？**

**採取那種態度的人會怎麼樣？**

他的答案簡單而直取重點。首先，我們永遠不可能知道世界真實的樣貌，那超出我們的能力了。永遠不會有人知道現實世界的終極本質。這樣的知識對人類來說就是不可能企及的，所以趁早忘了吧。這個觀點跟柏拉圖理型論徹底不同，也否定了哲學家能夠透過抽象思維獲得現實知識的可能性（見第一章）。其次，因為沒有能力得到知識，所以我們不該受到任何觀點約束。因為我們無法確知任何事，所以應該擱置所有判斷，以不受任何觀點約束的方式過生活。你的每一個欲望都暗示著你相信一件事比另一件事更好。不快樂是因為你沒得到想要的，但你不可能知道有什麼事物比別的事物來得好。所以他認為，為了快樂，你應該把自己從欲望中解放出來，不再在意事情的結果。這才是正確的生活方式：認清沒有一件事情是重要的。這樣，就不會有什麼事影響你的心境，然後帶來一種內在的平靜。第三點，如果你遵循這種教誨，你會變成這樣：一開始會無話可說，想來這是因為面對任何事物，你都不知道該說什麼。到最後，你會擺脫所有憂慮。這就是你或任何人在人生中能期望的最佳狀態，幾乎就像是一種宗教體驗。

理論如此，對皮羅來說似乎見效，雖然我們很難認為這招對大多數人也會有相同效果。我們鮮少有人能夠達到他推薦的這種淡然心境。而且不是每個人都運氣夠好，有一群朋友可以把自己從最糟糕的錯誤中拯救出來。事實上，如果每個人都遵從皮羅的教誨，就不會有誰剩下來保護皮羅派懷疑論者免於受到自己的傷害，在他們跌下懸崖、走到行駛的車輛前面或者被凶猛野狗襲擊後，這一支哲學學派會很快死絕。

皮羅派方法的基本弱點是，從「你不可能知道任何事情」跳到這個結論：「所以你應該忽視你對危險事物的本能和感受。」但我們的本能確實解救我們脫離許多可能出現危險的處境。這些感覺或許不完全可靠，但並不表示我們就該忽視。在一隻狗要猛咬皮羅一口的時候，應該連皮羅都會閃開：不管他多麼希望，都不可能徹底克服自發的反應。所以試著體現皮羅派懷疑論，似乎顯得很扭曲病態。照這種方式過活是否會產生皮羅認定的那種平靜心情，答案也不是非常明顯。皮羅派懷疑論是可以存疑的。譬如你可能想要質疑，平靜是否真的來自承擔眼前的種種風險；這招對皮羅或許管用，不過它對你也管用的證據在哪裡？你可能不是百分之百確定一隻窮凶極惡的狗會咬你，不過只要有百分之九十九確定，不去冒險就是合理的。

並不是哲學史上的所有懷疑論者都跟皮羅一樣極端。溫和懷疑主義也有偉大的傳統，它質疑種種預設，仔細檢視我們信念的證據，卻不會試圖活得好像一切事物隨時都可疑。這種懷疑論式的質問是哲學的核心。在這種意義上，所有偉大的哲學家都是懷疑論者。它是教條主義的對立面。執著於教條的人很有信心，自認為知道真理；哲學家則挑戰教條，質問人為什麼會相信他們相信的那些事，有哪些證據支持他們的結論。這就是蘇格拉底和亞里斯多德所做的，也是現在哲學家所做的。不過他們這樣做，並不只是因為愛為難別人。溫和哲學懷疑主義的重點在於更接近真理，或者至少揭露出我們所知或能知道的有多稀少。你不需要冒險掉下懸崖才能當懷疑論者，不過你確實必須準備好問尷尬的問題，並且對別人給你的答案做批判性的思考。

雖然皮羅宣揚免於所有憂慮的自由，我們多數人卻做不到。大家共同的憂慮之一，就是人皆有死的事實。我們要怎麼面對這個問題呢？另一個希臘哲學家伊比鳩魯有些聰明的建議。

# · 4 ·

# 花園小徑

伊比鳩魯

## ・死沒什麼好怕的

想像你自己的葬禮：會像什麼樣呢？誰會在那裡？他們會說什麼？你所想像的內容肯定是從你的觀點出發。這就好像你還在某個地方，或許是從上空中，或者從弔唁者席位之間，注視葬禮上的一切。現在確實有些人相信應該嚴肅看待這種可能：我們死後可以在物質構成的身體之外以靈魂的形式存活，甚至有可能看到這個世界上發生什麼事。不過對於那些相信死亡就是終結的人來說，真正的問題是：每次我們試著想像自己不在了，就必須想像我們還在世界上，注視著我們不在人世時發生的事。

無論你有沒有辦法想像自己的死亡，至少都有那麼一點害怕自己不復存在，這是滿自然的事。誰不怕自己的死亡？如果有什麼事是我們應該焦慮的，肯定就是死亡了。即便這還要許多年後才會發生，擔憂似乎完全合理。這是出於本能。鮮少有活人從沒深思過死亡。

古希臘哲學家伊比鳩魯[1]論證，恐懼死亡是浪費時間，而且是奠基於糟糕的邏輯之上。這種恐懼是你該去克服的心態。如果你想清楚了，死亡應該一點都不

1 伊比鳩魯（Epicurus），西元前341年－前270年，古希臘哲學家。開創伊比鳩魯學派。

可怕。一旦你理清頭緒，你就會更加享受此生；對伊比鳩魯來說，這一點極端重要。他相信哲學的重點就是讓你的人生變得更好、幫助你找到快樂。有些人相信不斷思索自己的死亡是病態的事，不過對伊比鳩魯來說，這是更熱切過生活的方式。

伊比鳩魯出生在愛琴海上的希臘島嶼薩摩斯。他的大半生在雅典度過，在那裡成為頗有特色的名士，吸引到一群學生跟他一起住在公社裡。這群人包括女性與奴隸；在古希臘這種情況很罕見。這樣做並不會讓他廣受歡迎，只有他的追隨者對他簡直崇拜得五體投地。他在一間有花園的房屋裡經營他的哲學學校，所以人稱此地為「花園」。

## ・簡單、不奢求，於是快樂

就像許多古代哲學家（還有一些現代哲學家，像是彼得・辛格，見第四十章），伊比鳩魯相信哲學應該要實用，應該改變你過生活的方式。所以那些加入他的「花園」的人都知道，重要的是實踐這種哲學，而非僅僅學習。

對伊比鳩魯來說，人生的關鍵就在於體認到我們全都在追求樂趣；更重要的是，只要時機許可，我們就會避開痛苦。這就是我們的驅動力。消滅你人生中的苦難，增加其中的快樂，就會活得更好。所以最佳的生存之道如下：簡單的生活方式，仁慈對待你身邊的人，讓你身邊圍繞著朋友，這樣你就能夠滿足大多數的欲求，不會還渴望什麼你得不到的東西。如果你永遠不會有錢買一棟豪宅，那麼擁有豪宅的強烈衝動只是有害無益。別為了得到你無論如何搆不著的東西而把一輩子耗在工作上；過簡單的生活就非常好了。如果你的欲望很簡單，就很容易滿足，你也會有時間跟精力去享受真正要緊的事。這就是伊比鳩魯的快樂祕訣，而且相當合理。

這番生存之道也正是一種治療。伊比鳩魯的目標是治癒他學生的心靈之痛，並且指出可以怎麼樣藉著憶起往日之樂，讓身體之痛變得可以忍受。他指出樂趣固然當下可以享受，但我們日後回想起來時也一樣愉快，所以這些樂趣對我們有長遠的益處。在他即將過世、身體不適的時候，曾寫信給一位朋友，說明他怎麼讓自己分心不去想病痛，就是去回想他們當年的對話有多愉快。

這一切全都跟「伊比鳩魯式／享樂主義的」（epicurean）一詞在現代的意義大不相同，幾乎是完全相反。一個「伊比鳩魯式的人」是指熱愛美食、沉浸於奢華與感官享樂的人。但伊比鳩魯的品味比那個詞彙暗示的單純多了。他教導的是有節制的需要；對貪婪的胃口讓步，只會創造出越來越多的欲望，最後因無法滿足而產生憤懣的心理。所以人應該避免去過那種欲望無窮的生活。伊比鳩魯跟他的追隨者都吃麵包和清水，而不碰珍奇的美食。如果你開始喝昂貴的酒，到頭來你很快就會想喝更貴的酒，然後就困在渴望不可得之物的陷阱裡。雖然如此，他的敵人卻聲稱在花園公社裡，伊比鳩魯門人大部分時間都在馬不停蹄地狂歡，大吃大喝、放縱情欲。「伊比鳩魯式」一詞的現代意義就是這樣開始流傳的。如果伊比鳩魯的門徒真的這樣做，就完全違背了他們領袖的教誨，這更有可能只是惡意造謠。

伊比鳩魯肯定花了很多時間做的一件事就是寫作，而且著述極多。紀錄指出他寫的書多達三百卷莎草紙，不過沒有一本流傳下來。如今我們對他的了解大部分來自門徒的筆記。他們腦中熟記他的著作，也用書寫形式流傳他的教誨。他們的一些作品卷軸殘篇，因維蘇威火山爆發時的火山灰落在龐貝附近的赫庫蘭尼姆

是什麼。我們被束縛在自己特定的軀體、特定的骨頭血肉之上。伊比鳩魯認為我們是由原子構成（不過他口中「原子」的意思跟現代科學家說的有點不一樣）。一旦這些原子在死時分解，我們就不再是以有意識個體的形式存在了。就算後來有人可以小心翼翼一片片拼湊回來，吹一口氣就讓生命重回這個重建的軀體之中，那也跟「我」毫無關係了。這個新的活體不會是我，雖然看起來很像我。我不會感覺到它的痛，因為一旦身體停止功能，就沒有任何東西能讓它起死回生。身分的連續關係已經斷裂了。

伊比鳩魯認為還有一種方式可以治癒門徒對死亡的恐懼：他指出我們對未來的感受不同於我們對過去的感受。我們在意未來，卻不在意過去。想想你出生之前，那整段時間裡，你都不存在。那段時間並不只包括你在母親子宮裡、有可能早產的那幾個星期，或在你受胎之前（那時你只是你父母之間的一種可能性），而是你來到人世之前的百萬兆年。我們通常不會擔憂自己在出生前數百萬年還不存在。哪有人在意自己還不存在的所有時間呢？但話說回來，如果這個說法是對的，為什麼我們應該如此在意死後那長久的不存在狀態呢？可見我們的想法並不對稱。我們有很強烈的傾向去擔心自己死後的時光，卻不憂慮出生前的時光。伊比鳩魯認為這是錯的。一旦你看出這一點，你就應該開始用思考出生前的方式來思考你的身後事，然後，它就不會變成你的心頭大石了。

有些人很擔心自己可能會在來世被處罰。伊比鳩魯也排除了這種憂慮。他信心滿滿地告訴追隨者，眾神其實對祂們的創造物沒什麼興趣。祂們的存在與我們並無關係，也不會參與世事，所以你應該不會有事。以上這些論證的結合，就是解藥。如果見效，你現在面對不存在的未來就應該感覺輕鬆許多。伊比鳩魯在墓誌銘裡總結了他的全部哲學：

**「我原本不在；我曾經存在；我現已不存；我並不掛懷。」**

如果你相信我們只是物理性的存在，由物質構成，沒有值得嚴重考慮的死後懲罰危機，那麼伊比鳩魯的推論或許就能說服你，死亡沒什麼好怕的。你可能還是會擔心垂死的過程，因為那通常很痛苦，而且你肯定會經歷到；就算為死亡本身苦惱並不合理，垂死之苦倒是千真萬確的。不過請記得，伊比鳩魯相信美好的記憶可以紓解痛苦，所以他甚至對此也有答案。但如果你認為你是寄託在軀體內的靈魂，而靈魂可以在肉體死亡以後繼續存活，伊比鳩魯的解藥可能就幫不了你（你甚至可以想像心臟停止跳動以後，你還繼續存在）。

伊比鳩魯派並不是唯一把哲學當成一種治療的人，大多數希臘與羅馬哲學家都是如此。尤其是斯多噶學派，他們教人如何以強韌心理來面對橫逆，也因此聞名。

· 5 ·

# 學習不在乎

## 愛比克泰德、西塞羅、塞內加

如果你出門時天開始下雨，那還挺倒楣的。但如果你必須出門，除了穿上雨衣或拿起雨傘，或者取消約會，你其實沒什麼別的選擇。不管多想讓雨停下來，你就是沒辦法。你應該對此氣惱嗎？或者你應該採取哲學家的態度？「採取哲學家的態度」其實就是接受你無法改變的事物。那麼，免不了的老化和短促的人生呢？你應該對人類處境的這些特色有什麼感受？還是一樣的反應嗎？

## ・克制情緒，不為所動

當有人說他對發生在自己身上的事情「採取哲學家的態度」時，他的意思就跟斯多噶學派說這句話的意義是一樣的。「斯多噶」這個名字來自「斯多亞」（Stoa，原意為柱廊），它是雅典一處有上漆裝飾的柱廊，此學派的哲學家習慣在那裡聚會，第一批祖師爺中包括了西提姆的芝諾[1]。早期的希臘斯多噶學派對很大範圍的哲學問題，包括對現實界、邏輯與倫理學都有自己的看法，但他們最著名的是心靈自制的見解。他們的基本觀念是，我們應該只擔憂我們能改變的事

1 西提姆的芝諾（Zeno of Citium），西元前334年－前262年，古希臘哲學家。開創斯多噶學派。

情；對於所有其他的事情，都不該情緒激動。就像懷疑論者，他們的目標是要追求心靈平靜的狀態。就算在面對悲劇事件，像是摯愛之人的死亡，斯多噶主義者也應該不動如山。我們對於發生的事件要採取什麼態度，是在我們的控制範圍內，雖然事件本身通常不受我們控制。

斯多噶學派的核心觀點是，我們要對自己的所思所感負責。我們可以選擇自己對幸運與厄運的反應。有些人把他們的情緒想成像天氣一樣，但斯多噶主義者卻相反地認為，我們對一個處境或事件的感覺是關乎選擇的。情緒並不是說發生就發生一般降臨在我們身上。如果我們沒有得到想要的，其實不用悲傷；如果有人欺騙我們，我們也不必感到憤怒。斯多噶派相信情緒會蒙蔽理性，又損害判斷力。所以我們不只該控制這些情緒，只要有可能，更該全部排除。

愛比克泰德[2]是晚期斯多噶學者中最知名的一位。他起初是奴隸，承受了許多苦難，對痛苦與飢餓並不陌生。他曾遭毒打一頓，因此終身跛行。在他宣稱就算身體被奴役，心靈還是可以保持自由的時候，援引的便是自己的經驗。他的教誨不光是抽象的理論，也包含如何處理痛苦與磨難的實用建議。總結來說，就是這一句話：「我們的思想取決於我們。」這種哲學激勵了美國戰鬥機飛行員史托

2 愛比克泰德（Epictetus），西元 55 年－135年，古希臘哲學家。

迪[3]。越戰期間，他在北越上空被擊落，遭酷刑折磨許多次，單獨監禁了四年。他應用大學課程裡學到的愛比克泰德教誨，設法活了下來。當他背著降落傘朝敵方領土飄落時，便下定決心，無論其他人對他做什麼，不管受到多嚴苛的待遇，他都要保持無動於衷。如果他不能改變狀況，也不會讓狀況影響他。斯多噶主義讓他獲得力量撐過會擊垮大多數人的痛楚與孤獨。

## ・人生一瞬，善用才無所畏

這種強韌的哲學源於古希臘，卻是在羅馬帝國中開花結果。有兩位重要的作家幫助斯多噶主義的散播：西塞羅[4]，以及塞內加[5]。生命的短促與老化的無可避免是他們特別感興趣的主題。他們承認老化是自然的過程，不會試圖改變無可改變之事。然而，他們同時也相信人要盡可能善用短促的時光。

西塞羅似乎集眾人才華於一身：他不但是律師與政治家，也是哲學家。他在著作《論老年》之中指出變老帶來的四大問題：工作變得更困難，身體變得更虛

3 詹姆斯・史托迪（James Stockdale），在越戰時期任美國海軍飛行員，以海軍中將退役，並於一九九二年以副總統候選人的身分角逐美國總統大選。

4 馬可斯・圖流斯・西塞羅（Marcus Tullius Cicero），西元前106年－前43年，古羅馬哲學家。

5 路修斯・厄尼亞斯・塞內加（Lucius Annaeus Seneca），約西元前4年－65年，古羅馬哲學家。

弱，肉身享樂的喜悅沒了，死亡也近了。變老是免不了的，但西塞羅論證，我們可以選擇自己對這個過程的反應。我們應該認清年老體衰不必然會讓人生變得無可忍受。首先，老年人因為具備經驗，通常能夠事半功倍，所以他們做的任何事情都能變得更有效率。如果他們的身體跟心智常在運轉，身心狀態並不必然急遽惡化。而就算沒辦法盡情享受身體上的樂趣，老年人還可以多花點時間在友誼與對話上，這些事情本身就帶來很多回饋。最後，他相信靈魂會永遠活著，所以老年人不該擔憂死期將近。西塞羅的態度是，我們都應該接受變老的自然過程，並且體認到我們不是非得悲觀。

## ・好好過生活，才不至於老來害怕回憶

另一個偉大的斯多噶學派推廣者塞內加，在寫到生命的短暫時也採取類似的路線。你不常聽到別人抱怨人生太長；大多數人都說人生實在太短了。要做的事那麼多，時間卻那麼少。以古希臘人希波克拉底[6]的話來說：「生命短促，藝術

6　希波克拉底（Hippocrates），古希臘著名醫師，被尊稱為西方「醫學之父」。

久遠。」當老人家預見死期將至，通常希望能多活幾年，好完成他們真正想做的事，但往往為時已晚，只能悲傷地想著本來可能會怎麼樣。自然在這方面是殘酷的。就在要登峰造極的時候，我們就死了。

塞內加不同意這個觀點。他就像西塞羅一樣多才多藝，而且很會運用時間，身兼劇作家、政治家、成功的商人，同時也是哲學家。在他看來，問題並不在於我們的人生有多短促，而在於大多數人利用時間的方式有多拙劣。他也一樣認為，最重要的事情是我們對人類處境中無可避免的面向採取何種態度。我們不該氣憤人生短促，反而應該盡可能利用。他指出，有些人就算擁有一千年光陰，也會像浪擲自己既有的人生一樣輕鬆浪費掉，還抱怨一千年太短了。事實上，如果我們做了正確的決定，人生通常長到可以做很多事情：只要我們沒耗費在無用之事上。有些人追逐金錢而耗掉太多能量，沒時間再多做別的；有些人則落入陷阱，把所有的閒暇都拿去飲酒跟享受性愛。

塞內加認為，等到你年紀大得足以發現這點就太遲了。白髮跟皺紋並不保證一位老人家已經用了很多時間做值得的事，但有些人卻誤以為如此。一個人搭船揚帆出海，在狂風吹送下四處飄蕩，並不算是旅行，他只是經常被甩來甩去而已。

人生也是如此。無法控制地在種種事件之間漂流，卻找不出時間體驗最有價值、最有意義的事，跟真正活過有非常大的差別。

好好度過人生有一項益處，就是在你老去時不必害怕自己的記憶。如果你浪費時間，當你回顧人生，你可能不願去想它是怎麼流逝的，因為細想你錯過的所有機會會讓你太痛苦。塞內加認為，這就是為什麼很多人滿腦子都是瑣碎的工作——他們用這種方式來逃避自己沒做到某些事的真相。他敦促他的讀者脫離人群，避免在忙碌中逃避自我。

那麼根據塞內加的看法，我們應該如何花費時間呢？斯多噶派的理想是過著隱士般的生活，遠離其他人。他（相當敏銳地）宣稱最有成果的生存方式就是研究哲學。這是一種真正活著的方式。

塞內加的人生有很多機會演練他鼓吹的道理。舉例來說，西元四一年，他被指控跟皇帝蓋烏斯的姊妹有染。這回事的真假未知，但結果是接下來八年他遭流放到科西嘉島。接著他轉了運，被召回羅馬，變成十二歲的未來皇帝尼祿的導師。後來塞內加擔任尼祿的講稿作者與政治參謀。然而這種關係有個非常糟糕的結尾，又一個命運的轉折。尼祿指控塞內加參與殺害他的陰謀。這回塞內加沒有逃脫餘地了，尼祿要他自殺。拒絕是不可能的，反正都會導致處決；抵抗則毫無意義。於是他自我了斷，而且忠於他的斯多噶主義，到最後都保持平和鎮定。

對於斯多噶派主要教誨，有一種看法是把它當作一種精神療法，是幫助我們生活得更平靜的一連串心理學技巧。擺脫那些蒙蔽思考的煩人情緒，一切都會變得直截了當得多。不幸的是，就算你設法保持情緒鎮定，可能還是會發現自己失去了什麼重要的東西。斯多噶學派擁護的淡然心境，可能讓我們在面對無法控制的事件時能減少不快樂，但代價可能是讓我們變得冰冷無情，甚至比較沒人性。如果這是達到情緒平靜的代價，可能就太高了。

下一章會談的哲學家是早期基督教思想家奧古斯丁，他雖然受到古希臘哲學的影響，但距離斯多噶派遠矣。他有強烈的熱情，深切關注在世間看到的邪惡，並且急切地渴望了解神以及神對人的計畫。

· 6 ·

# 誰在操縱我們？

## 奧古斯丁

奧古斯丁[1]身為基督徒，他相信神。不過信仰讓他有了許多沒得到解答的問題。神要他做什麼？他應該怎麼過活？他應該相信什麼？他醒著的時候，大半時光都在思索並書寫這些問題。這樣做的風險非常高，因為相信地獄可能是永恆的人覺得，犯下一個哲學上的錯誤似乎會導致嚴重的後果；就奧古斯丁看來，如果他犯了錯，下場可能是永遠遭硫黃灼身。在那些問題中，有一個讓他苦惱不已：為什麼神容許世間有邪惡？而他給予的答案在現今許多信徒中還是很受歡迎。

在中世紀（大約從五世紀到十五世紀），哲學與宗教非常緊密地連結在一起。中世紀哲學家從柏拉圖與亞里斯多德這樣的古希臘哲學家身上學習，但他們改造了觀點，應用到自己的宗教上。許多這麼做的哲學家是基督徒，不過也有重要的猶太或阿拉伯哲學家，像是邁蒙尼德斯與阿維森納。而許久之後被封聖的奧古斯丁則是其中一位卓然出眾的偉人。

奧古斯丁生於塔加斯特，位於今日北非的阿爾及利亞，當時仍是羅馬帝國的一部分。他真正的名字是奧里流斯．奧古斯丁納斯，不過現在幾乎總是稱為「聖奧古斯丁」或者「希波的奧古斯丁」（希波是他後來居住的城市）。

奧古斯丁的母親是基督徒，但他父親信奉的是一個地方宗教。奧古斯丁度過

1 奧古斯丁（Augustine，原名 Aurelius Augustinus），354 年 – 430 年，西方神學家、哲學家。

了狂放的少年時代與成年早期，他的情婦為他生下一子，後來他在三十多歲的時候皈依基督教，最後變成了希波主教。他有個知名事跡：要求神讓他不再起性欲，「但不是現在」，因為他太享受世間的樂趣了。他晚年寫了許多書，包括《懺悔錄》、《神之城》以及幾乎上百本其他的書。他在書裡大量借重柏拉圖的智慧，但加上基督教的見解而改變了意義。

## ・為何神不阻止邪惡？

大多數基督徒認為神有特別的力量：祂是至善的，知悉一切又無所不能。神要是沒有這些特質就不是神了，這些特質全歸入神的定義。許多宗教也對神做出同類的描述，不過奧古斯丁只對基督教觀點中的神感興趣。

任何相信這個神的人還是必須承認世界上有很多的苦難，我們很難否認這一點。有些苦難是地震與疾病這種自然之惡的結果；有些苦難則來自道德上的惡，也就是由人類導致的惡，謀殺與酷刑折磨便是兩個明顯例子。遠在奧古斯丁寫作之前，希臘哲學家伊比鳩魯（見第四章）就已經體認到這種由苦難衍生的問題。一個善良、全能的神怎麼可能容忍邪惡？如果神不能制止惡事發生，那祂就不會是真正全能的，祂能做的事情是有限度的。而如果神是全能的，又似乎無意阻止惡事，祂怎麼可能是全善呢？那是說不通的。到今天，這個問題也難倒了許多人。奧古斯丁專注於研究道德之惡。他很難理解世上會有個滿懷善意的神知曉邪惡卻不制止；神以超越人類理解範圍的神祕方式行事，這種概念他也不滿意。奧古斯丁想得到解答。

假設有一個正要殺人的惡徒。他拿著一把利刃，懸在受害者身上，一個真正邪惡的行為就要發生了。然而我們知道神有足夠強大的力量，可以阻止此事發生。只要把那個準殺人犯腦袋裡的神經元做些小改變就行了。或者，只要有人試圖把刀當成致命武器，神可以讓刀子變得軟如橡皮，如此一來，刀子就會從受害者身上彈開，沒有人會受傷。既然神徹底知悉一切，祂一定知道到底發生了什麼事，沒有一件事能逃過祂的法眼。而且祂一定希望邪惡之事不會發生，因為身為至善者的部分意義就在於此。然而殺人犯還是殺死了受害人。鋼刀沒有變成橡皮，沒有忽然一陣閃電打雷，武器也沒有奇蹟般從殺人犯手中落下。殺人犯也沒有在最後一分鐘改變心意。所以到底發生什麼事了？這是經典的「惡的問題」——你要如何解釋為什麼神容許這種事發生。假定一切都來自神，那麼惡肯定也來自神，在某種意義上，神一定想要讓這種事發生吧。

奧古斯丁年輕的時候，有一套避免相信神想讓惡事發生的辦法。他當時是摩尼教徒。摩尼教是源自波斯（今日的伊朗）的宗教，教徒相信神並非極端強大，而是力量同樣強大的善與惡，永無休止地彼此爭鬥。所以由此來看，神跟撒旦都在持續不斷的戰鬥中，爭奪著控制權。雙方都無比強大，但沒有一方強大到足以擊敗另一方。在特定時刻的特定地方，惡會占上風，但不是永遠如此。善的力量會回歸，再度戰勝惡。這解釋了為什麼會有可怕的事情發生。邪惡是來自黑暗的力量，善則是來自光明的力量。

摩尼教徒相信一個人內在的善是來自靈魂，惡則是來自身體，來自體內的所有弱點與欲望，還有它引領我們誤入歧途的傾向。這就解釋了為什麼人有時候會被吸引去做壞事。惡的問題對摩尼教徒來說不是問題，因為他們不接受神強大到可以掌控現實界每一個層面的說法。如果神沒有凌駕一切事物的力量，那麼就不必為惡的存在負責，也就沒有人能怪罪神不能制止邪惡。摩尼教徒會把殺人犯的行為解釋成他受到體內的黑暗力量引導而走上邪惡的道路，那些力量太過強大，連光明的力量都無法擊敗。

在後來的人生裡，奧古斯丁變得排拒摩尼教的說法。他看不出為什麼善惡之間的爭鬥會沒有止境。為什麼神不能贏得戰役？善的力量應該會比惡的力量強吧？雖然基督徒接受惡的力量確實存在，但也認為那些力量永遠不像神的力量那麼強大。然而如果神真的全能，如同奧古斯丁開始相信的那樣，惡的問題還是存在。為什麼神要容許邪惡？為什麼有這麼多的惡？這些問題沒有簡單的解答。奧古斯丁做了漫長又艱辛的思考。他的主要解決方案是以自由意志的存在為基礎：人類有能力選擇我們接下來要做什麼。這個論證通常稱為「自由意志答辯」。而這就是「神義論」——嘗試解釋並辯護善良的神為何能夠容忍苦難的學問。

## ・為善作惡由你決定，與神無關

神已經給我們自由意志了。舉例來說，你可以選擇是否要讀下一句話，這是你的選擇。如果沒有人逼你繼續讀，那麼你有停止的自由。奧古斯丁認為擁有自由意志是好的，讓我們可以做出合乎道德的行為。我們可以決定行善，對他來說就表示遵從神的命令，特別是十誡，還有耶穌的命令：「愛你們的鄰人。」不過具備自由意志也有一項後果，就是我們可以決定作惡。我們可能誤入歧途做出壞事，像是撒謊、偷竊、傷人甚至殺人。這通常是發生在我們的情緒壓倒理智時。我們發展出對物品與金錢的強烈欲望。我們對自己的肉欲讓步，遠離了神，還有神的諭令。奧古斯丁相信我們理性的那一面應該讓激情維持控制，這一點他跟柏拉圖看法一樣。人類與動物不同，人有理性的能力，我們應該善用。如果神早就預先設定人總是選擇善、拋棄惡，我們就不會造成任何傷害，但我們也不會真正自由，不可能運用理性來決定做什麼。神本來可以讓我們變成那樣。奧古斯丁主張，神給我們選擇，比一切預先注定好得多了。要不然我們就會像傀儡一樣，由神在背後操縱所有行動，永遠循規蹈矩。既然都是自動做出的選擇，去思考要怎麼行為舉止就沒有意義了。

所以說，神確實強大到足以阻止所有的惡，不過邪惡存在的事實仍舊不是直接因為神而來。道德上的惡是我們選擇的結果。奧古斯丁相信這有一部分也是亞當與夏娃做出選擇的結果。他就像同時代的許多基督徒一樣，相信聖經第一書〈創世記〉的描述：伊甸園裡發生了極其錯謬的狀況。在亞當跟著夏娃吃了知識樹上的果實，背叛了神之後，他們把罪惡帶進人世。這種罪稱為原罪，不只影響到他們人生，每個人類都要付出代價。奧古斯丁相信，原罪透過性愛繁衍的行為傳遞到每個新世代身上。就連一個孩子，從最初的時刻開始，都帶著這種罪惡的痕跡。原罪讓我們更有可能犯罪。

我們在某種程度上該被責怪，還要為別人犯下的罪過受懲罰，許多現代讀者非常難接受這樣的概念。那似乎並不公平。不過惡是我們有自由意志的結果，而不是神直接導致，這樣的觀點還是說服了很多信徒，讓他們可以信仰一個全知、全能又全善的神。

中世紀一位最受歡迎的作家波愛修斯便信仰著這樣的神，不過他苦苦思索另一個與自由意志有關的問題。那就是：如果神已經知道我們會怎麼選，我們如何可能選擇去做任何事？

· 7 ·

# 哲學的慰藉

## 波愛修斯

如果你在牢房裡等待處刑，你會耗費最後的時光寫一本哲學書嗎？波愛修斯[1]就這麼做了。結果這本書成了他著作中最受歡迎的。

波愛修斯屬於最後一批羅馬哲學家，在羅馬失陷蠻族之手前二十年去世。不過在他有生之年，羅馬已然江河日下。就像他的羅馬同胞西塞羅與塞內加一樣，他把哲學視為一種自助的方法，一種讓人生變得更好的實際手段，同時也是一種抽象思維的訓練。他也提供一條回歸古希臘人柏拉圖與亞里斯多德的連結，那就是把這兩位的作品翻譯成拉丁文，在他們的思想遭遇永久失傳危機時保留了下來。身為基督徒，他的作品吸引了中世紀的虔誠宗教哲學家來閱讀。因此，他的哲學搭起一道橋梁，從希臘羅馬哲學家延伸到在他死後主宰西方好幾世紀的基督教哲學。

波愛修斯的人生是幸運與厄運的混合。一位當時統治羅馬的哥德人叫狄奧多里克王，給了他執政官的高位，也把他的兒子們立為執政官以作為特別禮遇，雖然他們年紀太輕，不可能靠自己的才能爬到那個位置。波愛修斯似乎事事如意。他很富有，出身良好，還備受稱讚。他為政府工作，不知怎麼的仍設法找到時間研究哲學，他也是多產的作家與翻譯家，人生正在頂峰。但接著他的運氣急轉直

1 安西厄斯・曼利厄斯・塞維萊納斯・波愛修斯（Anicius Manlius Severinus Boethius），480年—524年，羅馬哲學家。

下。他遭指控陰謀反叛狄奧多里克，從羅馬被送到拉溫納，關在牢獄中受酷刑折磨，然後處決：絞殺加上亂棒打死。他一直堅稱自己無辜，但指控他的人並不相信。

## ・哲學女士的忠告

自知死期將近的波愛修斯在牢獄中寫下一本書，名叫《哲學的慰藉》，在他死後成為中世紀的暢銷書。書的開頭是波愛修斯在牢房裡替自己難過。突然間，他發現有個女人低頭俯視著他。她的身高似乎從一般高度變得比天空還高，穿著一件破爛的連身裙，上面繡著一道梯子，從摺邊上的希臘字母π一路往上延伸到字母θ。她一隻手拿著權杖，一隻手拿著幾本書。原來這位女士就是哲學。她開口告訴波愛修斯應該相信什麼。她很生氣他竟然忘記了她，於是前來提醒，對於發生在他身上的事情應該作何反應。那本書的其餘部分就是他們的對話，全都是關於運氣與神，有散文也有韻文。哲學女士給了他種種忠告。

她告訴波愛修斯，運氣總會變，他不該對此訝異。這就是運氣的本質，變化無常。命運之輪轉動著，有時候你在頂端，有時候你卻在谷底。一位富裕的國王可能有一天會發現自己一貧如洗。波愛修斯應該領悟到事情就是這樣。運氣是沒有規則的，沒人能保證你今天幸運、明天也跟著走運。

哲學女士解釋道，凡夫俗子把快樂建築在這樣易變的東西之上太過愚昧。真正的快樂只能來自內心，來自人類能夠控制的事物，而不是來自厄運可能毀掉的任何東西。這是我們在第五章看過的斯多噶派觀點。今天如果有人自稱以「哲學家的態度」對待自己身上發生的壞事時，他的意思就是這樣；試著不受自己無法控制的事情影響，像是天氣或者自己的父母是誰。哲學女士告訴波愛修斯，沒有一件事本身就是可怕的，這一切全看你怎麼想。快樂是一種心靈的狀態，而不是世界的狀態。這正是愛比克泰德的觀點。

哲學女士要波愛修斯再一次轉向她。她告訴他，雖然他在監獄裡等死，還是可以真正快樂。她會治癒他的憂傷。她要傳達的訊息是，財富、權力與榮耀都毫無價值，因為這些東西可能來而復去。沒有人應該把自己的快樂建築在這樣脆弱的基礎之上。快樂必須來自一種更加紮實、不能被拿走的東西。因為波愛修斯相信他在死後會繼續活著，在瑣碎的塵世俗物上尋求快樂就是個錯誤。反正等他死了，他還是會失去那一切。

不過波愛修斯能在哪裡找到真正的快樂呢？哲學的回答是，他會在神或者善之中找到（到頭來神與善是同一件事）。波愛修斯是個早期基督徒，然而他沒有在《哲學的慰藉》裡提及這一點。哲學女士所描述的神可能是柏拉圖的神，善的純粹理型。但隨後讀者會在此書中認出波愛修斯寫的是基督教義：榮耀與財富並無價值，以及專注取悅神的重要性。

在《哲學的慰藉》整本書裡，哲學女士都在提醒波愛修斯想想他已經知道的事情。這又是來自柏拉圖的餘緒，因為柏拉圖相信，所有的學習其實是一種回想，把我們既有的觀念找回來。我們從來沒有真正學到任何新事物，只是喚醒了記憶。生命就是一場掙扎，我們總在回想稍早知道的事。波愛修斯在某種程度上已經知道的事情是，他錯誤地擔憂自己失去自由、失去公眾的尊敬。其實那些事情大半都在他的控制範圍之外，真正重要的是他面對自身處境的態度，那才是他可以選擇的。

## ・全知全能的神與我的自由選擇

但波愛修斯對一個真正的問題感到困擾，這也是許多信仰神的人會擔憂的。神既然完美，必然知道已經發生的一切事情，也知道即將發生的每件事。我們描述神「全知」的時候，就是這個意思。所以如果神存在，他必定知道誰會贏得下一屆世界盃，也知道我打算寫的下一句話是什麼。祂一定對將會發生的所有事情有先見之明；祂預見的事情必然會發生。所以在這一刻，神知道一切結果會是什麼樣。

由此可見，順理成章，神一定知道我接下來要做什麼，就算我自己都還不確定會怎麼樣。當我決定要做什麼的時候，幾個可能發生的不同未來似乎在我眼前展開。如果我走到一條路的分岔口，我可以往左或往右走，或者可能就坐下來。我在這一刻可以停止寫作，去替自己煮點咖啡，或者我也可以選擇繼續在筆電上打字。這感覺上像是我的決定，我能夠選擇做與不做。沒有人在逼我選擇這條路或那條路。同樣的，如果你有意，你可以選擇現在閉上你的眼睛。但神怎麼可能知道我們要做的任何事呢？

如果神已經知道我們兩個會做什麼，你我怎麼可能對自己要做的事情有真正的選擇？選擇只是一種幻覺嗎？如果神知道一切，我似乎不可能有自由意志。十分鐘前神可能已經在紙上寫好：「奈傑爾會繼續寫作。」那時候這句話就是真的，所以無論我有沒有領悟到這一點，都一定會繼續寫下去。但如果神可以預先決定，那我對自己的所作所為肯定就沒有選擇，儘管感覺上像是有。我的人生早就由神巨細靡遺替我規畫好了。而要是我們沒有任何選擇，我們因自己的行為而得到賞罰又怎麼會公平？如果我們不能選擇要做什麼，那神怎麼能決定我們是否該上天堂？

這個問題非常難解，正是哲學家所說的悖論。有人能夠知道我要做什麼，而且我能自由選擇自己的行為，這似乎是不可能的；這兩個概念彼此衝突。然而如果你相信神是全知的，這兩個概念看起來卻都像是真的。

## ・自由意志的難題

在波愛修斯牢房裡的哲學女士對此提出了答案。她告訴他，我們確實有自由意志，那不是一種幻覺。雖然神知道我們會做什麼，我們的人生卻不是事先注定的。或者換個說法，神對於我們將來作為的知識，跟預定論（我們對於自己的作為沒有選擇）並不相同。我們確實能選擇接下來要怎麼做。錯的是把神想成跟人類一樣，以為事件是在時間中展開。哲學女士告訴波愛修斯，神不受時間限制，完全處於時間之外。

這個意思是神在一瞬間捕捉到一切。神把過去、現在和未來視為一體。我們凡夫俗子死守著事情有先後順序，但在神的眼中不是如此。為什麼神能夠知道未來，卻不至於毀掉我們的自由意志，不會把我們變成什麼預先設定好的機器，一點選擇都沒有，理由就在於神根本不是在特定的時間觀察我們。祂以一種不受時間限制的方式，一次就看見所有事情。哲學女士還告訴波愛修斯，他不該忘記神是按照人類的行為表現和所做的決定來評斷他們，儘管神事先已經知道他們會做什麼了。

如果哲學女士對此的看法是對的，而且神確實存在，祂就知道我什麼時候會寫完這句話；不過在這裡以句點結束仍然是我的自由選擇。

同時，你也還有自由來決定要不要讀下一章。下一章將會檢視兩個相信神存在的論證。

· 8 ·

# 完美的島嶼

## 安瑟倫與阿奎納

我們全都擁有神的概念。不管我們是否相信神真的存在，我們都了解神這個字是什麼意思。講到這裡，你現在一定正想著你心中那個神的概念，而且看起來，了解神這個概念跟說神真的存在是非常不同的兩件事。不過，原是義大利神父、後來成為坎特伯里大主教的安瑟倫[1]的見解卻很不尋常，他以「存有論論證」聲稱，按照邏輯推演，我們有神這種概念，就證明神實際上存在。

## ・能夠想像神存在，則神必定存在

安瑟倫的存有論論證收錄在他的著作《證據》中，以一個無可爭議的主張起頭：神就是「你無法想像有其他事物比祂更偉大」的那種存在。換句話說，神就是你想像得到最偉大的存在；神在力量、良善與知識上都是最偉大的。無法想像有任何事物比祂更偉大，要不然那個東西就會是神了。神是至高無上的存在。這個定義似乎沒有爭議，舉例來說，波愛修斯（見第七章）也用類似的方式定義神。我們心中可以清楚地擁有神的概念，

1 安瑟倫（Anselm），約1033年－1109年，義大利哲學家、神學家。

那也是無可爭議的。但接下來安瑟倫指出，只存在於我們心中、卻不存在於現實中的神，不會是想像得到最偉大的存在；一個實際存在的神肯定更加偉大。神能夠存在我們想像中，這一點就連無神論者通常都會接受，但一個能被想像的神不可能比一個真正存在的神更偉大。所以安瑟倫做出結論：神必定存在。這個結論是從神的定義按照邏輯得出。如果安瑟倫是對的，光憑我們能對神產生概念的事實，就可以確定神的存在了。這是個先驗（a priori）論證，這種論證並不是仰賴對世界的任何觀察來得到結論。它是個邏輯上的論證，從一個沒有爭議的起點開始，似乎證明了神的存在。

安瑟倫以一位畫家為例。畫家在作畫以前想像了一個場景，想到一個階段，他畫了下來，然後畫作就同時存在於想像與現實中。神跟這種狀況不同。安瑟倫相信，在邏輯上，你不可能有神的概念但神卻不實際存在，雖然我們可以很輕鬆地想像一位畫家沒有實際畫出他想像的畫，那幅畫作只在他心中卻不存於世。我們可以想像任何事物不存在而不造成自我矛盾，唯獨不能這樣想像神。如果我們真的明白神是什麼，我們就會體認到神不可能不存在。

## • 完美的小島

大多數人理解了安瑟倫證明神存在的「證據」之後，都懷疑他達成結論的過程中有某種可疑之處。這個論證感覺上就是不對勁。並沒有很多人完全在這個論證的基礎上皈依神。另一方面，安瑟倫還引用聖經《詩篇》，說只有傻瓜才會否認神的存在。然而安瑟倫本人還在世的時候，另一位僧侶馬穆提耶的高尼羅[2]就批評過他的推論。高尼羅想出一個思想實驗，可以支持傻瓜的立場。

想像一下在海洋中的某處，一個沒有人到得了的島嶼。這個島嶼富饒得讓人難以置信，充滿了想像得到的所有水果、奇特樹木、植物與動物。這裡也無人居住，因此更加完美。事實上，這是任何人想像得到最完美的島嶼。如果有人說這個島嶼不存在，我們不難理解他是什麼意思。這樣說很合理。但假使他接著告訴你這個島嶼一定存在，因為它比任何其他島嶼都來得完美。你心中有這個島的概念，如果它只存在你心中，就不會是最完美的島嶼，所以這個島嶼必然存在於現實中。

高尼羅指出，如果有任何人拿這個論證來試著說服你，這個最完美的島嶼真

2 馬穆提耶的高尼羅（Gaunilo von Marmoutiers），十一世紀本篤會教士。

的存在，你可能會認為那再開什麼玩笑。你不可能光靠著幻想這個完美的島嶼會是什麼樣，就真的把它召喚到世上；那樣就很荒唐了。高尼羅的論點是，安瑟倫證明神存在的論證，跟證明最完美島嶼存在的論證形式相同。如果你不相信想像中最完美的島嶼必然存在，那為何要相信想像中最完美的存在者必然存在？我們可以用同一種論證把所有種類的事物從想像到存在：不只是最完美的島嶼，還有最完美的山脈、最完美的建築、最完美的森林。高尼羅相信神，但他認為安瑟倫對神存在的推論很薄弱。安瑟倫則回答，他的論證只有在神的例子裡有效，在島嶼的例子裡無效，因為其他事物都只是它們所屬類別中最完美的，神卻是一切事物之中最完美的。這就是為什麼神是唯一必然存在的——唯一不可能不存在的東西。

## ・萬事萬物背後的無因之因

兩百年後，另一位義大利聖徒聖多瑪斯・阿奎納[3]在一本篇幅很長、叫做《神

3 聖多瑪斯・阿奎納（St. Thomas Aquinas），1225年－1274年，中世紀哲學家、神學家。

學大全》的書裡，用短短的一節列出五個論證。這就是企圖證明神存在的「五路論證」；現在五路論證比那本書的其餘部分都來得有名了。其中的第二個論證叫做「第一因論證」，它就像阿奎納哲學其他很多部分一樣，奠基於亞里斯多德在很久以前用過的一個論證。如同安瑟倫，阿奎納想用理性來提供神存在的證據。第一因論證的起點是宇宙的存在，也就是既有的一切。環顧你的周遭，萬事萬物從哪來？簡單的答案是，每件存在的事物都有某種導致它存在、讓它成為現在這副模樣的起因。以一顆足球為例，它是許多起因的產物，而起因包括了設計製造它的人以及那些製造出原料的因素等等。不過是什麼導致原料存在？還有那些起因的起因是什麼？你可以往回追查，一再上溯。不過那條因果鏈能夠永久回溯下去嗎？

阿奎納確信不可能有一連串沒有盡頭、在時光中不斷上溯的因與果，也就是不會有無窮回溯。如果有無窮回溯，就表示絕對沒有一個「第一因」：你心目中任何事物的第一因一定還有個起因，而這個起因必定也有某個別的起因，如此直至無窮無盡。但阿奎納認為，邏輯上來說，在某一刻一定有某樣東西啟動這個因果鏈上的萬事萬物。如果他的看法正確，就一定有某樣東西本身並沒有起因，卻開啟了一連串的因果關係，把我們帶到此時此刻：那就是一個「無因之因」。他宣稱這個第一因必定是神。神就是一切存在物的無因之因。

後來的哲學家對這個論證有許許多多回應。有些人指出，就算你同意阿奎納，認為一定有某個無因之因開啟了一切，卻沒有什麼特定理由要相信這個無因之因就是神。一個沒有起因的第一因必然是極端強大的，不過在這個論證裡並沒有任何一件事指出，這個第一因需要有各宗教中通常預設神會有的那些性質。舉例來說，這樣一個無因之因不必然是極善的，也不必然是全知的。它有可能只是某種澎湃的能量，而不是一個人格化的神。

另一個可能反駁阿奎納論證的回應是，我們不必接受他的因果不可能無窮回溯的假設。我們怎麼知道？對於每個被提出的宇宙第一因，我們總是可以問：「那麼，它的起因是什麼？」阿奎納只是假定，如果我們繼續問那個問題，總有一天會碰到這個答案：「沒別的起因。它就是無因之因。」不過，這個答案並沒有明顯優於因果無窮回溯的答案。

安瑟倫與阿奎納兩位聖人專注地信仰神，獻身於宗教生活方式，跟馬基維利形成了強烈的對比。馬基維利是個入世的思想家，有些人曾拿他來跟魔鬼相比。

· 9 ·

# 狐狸與獅子

馬基維利

想像你是一位君王，統治著一個城邦，就像是十六世紀義大利的佛羅倫斯或那不勒斯。你有絕對的權力，可以上命下達。如果你想要把誰扔進監獄（因為他發言反對你，或者你懷疑他陰謀要殺你），你就可以這麼做。你有軍隊，準備好奉行你任何命令。但你周圍都是由其他雄心勃勃的統治者治理的城邦，他們會很樂意征服你的領土。你應該怎麼做？你應該誠以待人，遵守承諾，行動總是慈悲為懷，以人民最高利益為依歸嗎？

## ・不做好人的領導學

馬基維利[1]認為這可能不是個好主意，雖說你可能想要看起來那樣誠實與善良。根據他的說法，有時候最好撒謊、打破承諾，甚至謀殺你的仇敵。一位君王不必擔心怎麼遵守承諾；用他的話來說，一位有力的君王必須「學會如何不做好人」。最重要的事情是持續掌權，為了達到這一點，幾乎任何做法都是可以接受的。毫無意外，他表達這一切想法的著作《君王論》從一五三二年出版至今一直

1 尼可羅・馬基維利（Niccolo Machiavelli），1469年－1527年，義大利政治哲學家。

惡名昭彰。有些人描述這本書很邪惡，或者充其量只是一本幫派分子實用手冊。其他人則認為這本書最精確陳述了實際發生的政治狀況。許多今天的政治家會讀《君王論》，不過只有一部分人會承認，而這種現象或許正揭露了他們在實踐此書的原則。

《君王論》並無意成為人手一本的指南，只是為了那些剛剛掌權的人而寫。馬基維利住在佛羅倫斯以南大約七英里遠的一個農莊時，寫下了這本書。十六世紀的義大利是個危險的地方，馬基維利就是在佛羅倫斯出生長大的。年輕時他被聘為使節，遊歷歐陸，見過幾位國王與一位皇帝，也見過教宗。他對這些人評價都不高。唯一讓他真正深感佩服的領導者是切薩雷．波吉亞[2]，一個殘酷無情的男人，教宗亞歷山大六世的私生子。波吉亞控制大半義大利的時候，覺得詐騙、謀殺他的敵人沒什麼大不了。馬基維利認為，波吉亞做對了每一件事，卻被厄運擊倒：在遭遇攻擊時不巧病倒了。厄運在馬基維利的人生中也扮演了要角，他苦思過這個主題。

當佛羅倫斯過去的統治者、極端富有的梅迪奇家族再度恢復權勢時，他們把馬基維利送進監獄，聲稱他參與了推翻他們的陰謀。馬基維利熬過酷刑折磨，重

2 切薩雷．波吉亞（Cesare Borgia），義大利貴族，瓦倫提諾公爵。

獲自由。他的一些同事被處死，但因為他沒有招出任何事，受到的懲罰是流放。他不能再回到心愛的城市，遭隔絕在政治圈之外。在鄉間，他會用晚上的時間想像自己跟歷史上的偉大思想家對話，他們會跟他討論身為領袖保持權力的最佳方法。他寫下《君王論》可能是為了得到掌權者賞識，也企圖藉此謀得政治策士的職位，這樣他就能夠回到佛羅倫斯，回去參與實際從政的刺激與危險。不過這個計畫沒有成功，他最後成了作家。在《君王論》以外，馬基維利還寫了幾本政治論著；他也是成功的劇作家，他的戲《曼陀羅花》現在還偶爾會上演。

## ・不擇手段抓住機會

所以馬基維利到底建議了什麼，還有這些建議為什麼讓他大多數的讀者如此震驚？他書中的關鍵概念是，一位君王必須有他所說的「virtù」（雄才）。這個字是義大利文裡的「男性氣概」或勇氣。它是什麼意思呢？馬基維利相信，成功要仰賴相當多的好運。他認為發生在我們身上的事情有一半是靠機率決定，另一半則是我們選擇的結果。但他也相信，你可以藉著勇敢而迅速的行動來增加成功率。運氣在我們的人生中扮演了要角，但這並不表示我們就必須表現得好像犧牲品一樣。河水可能氾濫，這件事我們防不了，但如果我們蓋了水壩跟防洪措施，存活機率會比較高。換句話說，一個做好準備、見到機會就把握的領導者，比不這樣做的領導者更有可能順利成功。

馬基維利堅決認為他的哲學應該根植於實際發生的狀況。他透過一連串取自近代歷史的例子來向讀者表示他的意思，那些例子大多數牽涉到他見過的人。舉例來說，切薩雷．波吉亞發現奧悉尼家族正在計畫推翻他，就設法讓他們確信他被蒙在鼓裡。他用計把該家族的領導人物都騙到一個叫做希尼加利亞的地方商談事情，他們一抵達，他就命人悉數殺光。馬基維利讚許這個奸計；在他看來，這是說明雄才的好例子。

又有一次，波吉亞要控制一個叫做羅曼納的地方時，他指派一個特別殘忍的指揮官雷米羅．狄．奧柯負責管理。狄．奧柯採取恐怖統治手段，讓羅曼納人聽命於他。但一等到羅曼納局勢平靜了，波吉亞就想跟狄．奧柯的殘酷手段劃清界線，所以他命人謀害狄．奧柯，將他斬成兩段，屍體暴露在城市的廣場上示眾。

馬基維利也認同這種陰森可怕的處置方式。它達到了波吉亞想要的目的，就是讓羅曼納人民站在他這邊。他們很高興狄・奧柯死了，不過同時他們也領悟到一定是波吉亞下令謀害他，因此心懷恐懼。如果波吉亞能夠用這種程度的暴力手段對付他麾下的指揮官，他們沒有一個人可以高枕無憂。所以在馬基維利眼中，波吉亞的行為很有男子氣概，展現出「雄才」，而一個明智的君王就該做這種事。

## ・憐憫會帶來災難

這聽起來就好像馬基維利贊成謀殺。在某些狀況下，如果結局證明了謀殺合理，他顯然贊成謀殺。可是這些例子的重點不在這裡。他試著要凸顯的是波吉亞的行為（殺死敵人，以及用底下的指揮官狄・奧柯來殺雞儆猴）是有效的，它製造出波吉亞想要的效果，阻止了進一步的血腥殺戮。透過迅速又殘酷的行動，波吉亞持續掌權，阻止羅曼納人起義對抗。對馬基維利來說，這個最終結果比達成結果的手段更重要：波吉亞是個好君王，因為他做必要之事來保有權力，沒有婦人之仁。馬基維利不會贊同沒有意義的謀殺或為殺而殺；他舉例描述的謀殺並不是那樣的。馬基維利相信，在那些狀況下懷著同情憐憫之心行動會造成災難：不但對波吉亞不利，對整個國家也不利。

馬基維利強調，領導者受人恐懼比受人愛戴來得好。理想狀況下，你會讓人又愛又懼，不過這很難達到。如果你仰賴人民的愛戴，那你就要冒著他們在情勢嚴峻時拋棄你的風險。如果他們怕你，他們會怕到不敢背叛你。這種想法有一部分是出自他的犬儒主義，他對人性的評價很低。他認為人類不可靠、貪婪又不誠實。如果你要當成功的統治者，那麼必須知道這一點。無論對象是誰，信任他們會遵守承諾是很危險的，除非他們害怕不守承諾的後果。

## ・狡猾的狐狸與強壯的獅子

如果你能夠藉著表現仁慈、遵守承諾、受人愛戴來達成目標，那你就該這麼做（或者至少表面上如此）。但如果你不能，就必須把這些人性特質跟動物的特質結合起來。其他哲學家強調領導者應該仰賴他們的人道特質，但馬基維利認為有效率的領袖偶爾必須行為如禽獸。值得效法的動物是狐狸與獅子：狐狸生性狡獪又能瞥見陷阱，獅子則極其強壯又很嚇人。總是像獅子一樣光靠蠻力行動並不好，因為那樣有讓你落入陷阱的危險。你也不能只當一隻狡猾的狐狸，偶爾需要獅子的力量才能保護自己的安全。不過如果你仰賴自己的仁慈與正義感，你撐不了多久。幸運的是，人類很好騙，會被外表欺瞞。所以身為領袖，你或許可以看似誠實又仁慈，實際上卻不守承諾、行徑殘酷，結果仍蒙混過關。

讀過上述這些話，你可能會認為馬基維利就是個邪惡的人。許多人確實這樣相信，「馬基維利式」這個形容詞也被廣泛當成一種侮辱之詞，指的是準備靠陰謀和利用別人來遂行私慾的人。不過其他哲學家相信馬基維利表達了一些重要的事。或許一般的良好行為對領導者來說並不管用。在日常生活中慈悲為懷、信任向你許諾的人是一回事，但如果你必須領導一國一邦，信任其他國家對你友善誠信可能是非常危險的政策。一九三八年，英國首相張伯倫相信希特勒的承諾，認定他不會嘗試進一步擴張德國領土。現在看來，那樣想真是天真、愚蠢。馬基維利會向張伯倫指出，希特勒有的是理由對他說謊，他不該信任希特勒。

另一方面，我們不該忘記，馬基維利支持用極端殘暴的行為對付潛在敵人。就算在腥風血雨的十六世紀義大利，他公然認可波吉亞的行為似乎也很讓人震驚。許多人都認為，一個領袖能怎麼對付他或她的死敵應該要有嚴格的界限，這些界限應受法律規範。如果沒有定出界限，我們到頭來會跟野蠻暴君為伍。希特勒、前柬埔寨共產黨總書記波布、烏干達前總統阿敏、伊拉克前總統海珊與辛巴威總統穆加比，全跟波吉亞一樣用同類的技巧來維持權力。這可不是馬基維利哲學的好廣告。

馬基維利自視為現實主義者，體認到人類基本上很自私。霍布斯也有同樣的看法，而這般見解鞏固了他心目中的社會應該如何建構的整套論述。

# · 10 ·

# 骯髒、野蠻又短暫

## 霍布斯

霍布斯[1]是英國最偉大的政治思想家之一。比較不為人知的是，他也是健身狂的先驅。他每天早上都會長途散步，邁開大步迅速走上山丘，好讓自己喘不過氣。為了預防出門的時候想到任何好點子，他會帶一把特別的拐杖，手柄上做了一個墨水瓶。這個身材高大、臉色紅潤、心情愉快、留著八字鬍和一點山羊鬍的男人，曾經是個病懨懨的孩子。不過成年之後，他極為健康，一直到老都還在打正規網球賽。他吃很多魚，很少喝酒，還習慣躲在別人聽不到的緊閉門扉後唱歌，以便運動他的肺部。當然了，就像大多數哲學家，他有個高度活躍的心靈。結果他活到九十一歲，在平均壽命三十五歲的十七世紀來說，那是異乎尋常的高齡。

## ・自私的一族與渾沌社會

霍布斯性格親切和藹，但他就像馬基維利一樣對人類的評價偏低。他相信我們基本上都是自私的，驅策我們的是對死亡的恐懼，還有對個人利益的期望。所有人都在尋求凌駕別人的力量，無論我們自己有沒有領悟到。如果你不接受霍布

1 湯瑪斯・霍布斯（Thomas Hobbes），1588年－1679年，英國政治哲學家。

斯對人性的描繪，你離家的時候為什麼要鎖門呢？當然是因為你知道，外頭有許多人會很樂意偷光你擁有的一切吧？不過你可能會辯稱只有一些人那麼自私。霍布斯則不同意。他認為我們在內心深處全都如此，而且只有法律以及懲罰的威脅才讓我們循規蹈矩。

他論證，這樣的後果是：如果社會崩潰了，你必須活在他所謂的「自然狀態」中，沒有法律、也沒有任何人有力量為法律背書，那麼你就會像所有人一樣在必要時偷竊與謀殺。至少在想繼續活著的狀況下，你必須那樣做。在一個資源稀少的世界裡，尤其是你為了存活而掙扎著要找到食物和飲水時，在別人殺死你以前先發制人可能真的合乎理性。霍布斯的描述讓人難忘，他說社會之外的生命會是「孤獨、貧困、骯髒、野蠻又短暫的」。

國家有力量阻止人民自行奪取別人土地或隨意殺戮別人，如果把這股力量拿掉，結果就會是無止境的戰爭，每個人都彼此對抗。很難想像有比這更糟的狀況了。在這種無法無天的世界裡，就連最強壯的人都無法長保安全。我們都必須睡覺，睡覺時難以抵擋攻擊。就算是最弱的人，如果夠狡猾也能毀掉最強壯的人。

你可能會想到避免被殺的辦法是跟朋友為伍。但麻煩在於你無法確定誰值得信任。即使別人承諾幫忙，有時候也會遇到打破承諾反而對他們有利的狀況。任何需要合作的活動，像是大規模種植食物或者建造房屋，沒有基本程度的信任是不可能辦到的。而你在無可挽救以前不會知道你被騙了，或許到時候你的背上已經真正地挨了一刀。沒有人會懲罰背後插你刀的人。你的敵人可能到處都有。你會一輩子獨自活在被攻擊的恐懼中；這不是什麼迷人的前景。

## ・社會契約

霍布斯說，解決方案是由某個強有力的個人或議會來負責管事。自然狀態下的個人必須進入「社會契約」之中，這是一種協議，為了安全而放棄一部分充滿危險的個人自由。若少了他所說的「統治者」，生活會像地獄。這個統治者會被賦予權利，可以嚴厲地懲罰任何不守規矩的人。霍布斯相信有一些自然律的重要性會得到我們的認可，好比說我們應該待人如己，己所不欲勿施於人。如果沒有某人或某物強大到足以讓人人守法，法律就無法產生好處了。少了法律、少了強大的統治者，處於自然狀態的人將預料自己會死於暴力；唯一的安慰就是這樣的人生會很短暫。

《利維坦》（一六五一年出版）是霍布斯最重要的著作，它詳細解釋了需要哪些步驟才能從夢魘般的自然狀態進入一個生活還可忍受的安全社會。「利維坦」是聖經裡描述的巨大海怪；對霍布斯來說，那指涉的是國家的巨大力量。《利維坦》開頭是一張圖畫：一個巨人高高聳立在一座山上，手中握著一把劍和一柄權杖。這個巨人是由一大堆比較小的人組合起來，我們可以認出他們仍然是獨立個體。巨人象徵的是強有力的國家，有一位統治者作為巨人的腦袋。霍布斯相信，少了統治者，一切都會分崩離析，社會將會解體為彼此分離的人，隨時會為了生存把別人撕成碎片。

所以，自然狀態下的個人很有理由想要彼此合作、尋求和平。只有這個辦法能讓他們得到保護。若非如此，他們的人生就會變得很可怕。安全遠比自由重要得多。對死亡的恐懼會逼人趨向形成社會。霍布斯認為人們會同意放棄相當多的自由，以便彼此締結社會契約；這是一種承諾，讓一位統治者把法律強加在自己身上。有個強大的權威負責一切，會比大家彼此相抗來得好。

霍布斯經歷過危險的時代，甚至在還沒出娘胎就有經驗了。他是早產兒，他母親在聽說西班牙的無敵艦隊航向英格蘭、可能就要入侵的時候開始陣痛。幸好西班牙失敗了。後來他搬到巴黎去躲避英國內戰的種種危險，但英國可能落入無政府狀態的恐懼在他後期的作品中一直縈繞不去。他就是在巴黎寫下《利維坦》，而此書在一六五一年出版以後，他很快就回到英格蘭。

就像同時代的許多思想家一樣，霍布斯不只是哲學家，他是我們今日所謂的「文藝復興人」。他對幾何學與科學有認真的興趣，也喜愛古代史。他還年輕的時候熱愛文學，自己創作並從事翻譯。他人到中年才進入哲學領域，而且是唯物論者，相信人類就只是物質存在；靈魂這種東西不存在，我們就是肉體而已，而肉體說到底就是複雜的機器。

鐘錶機械裝置是十七世紀最前衛的科技，霍布斯相信人體的肌肉與器官就等於類似的機械：他頻繁寫到行動的「發條」，還有策動我們的「齒輪」。他確信人類存在的所有層面（包括思考在內）都是物質活動。他的哲學中並沒有容納靈魂的空間。這是今日許多科學家抱持的現代觀點，不過在他的時代算是非常激進的。他甚至聲稱神必定是一個巨大的物體，不過有些人認為這只是拐個彎宣布他是無神論者。

霍布斯的批評者認為，他容許統治者擁有這麼大的權力凌駕社會中的個人，實在太過火了，無論那統治者是國王、王后還是議會。他描述的國家會是我們現在所說的威權體制：在這種國家裡，統治者駕御人民的權力幾乎無限大。和平可能讓人渴望，但恐懼死於暴力也是很強烈的動機，讓人屈服於維持和平的強權。但把這麼多力量放在一個人或一群人手裡，卻很危險。霍布斯不信任民主，也不信任人民自己做決定的能力，不過如果他知道二十世紀暴君造成的恐怖狀況，他可能就會改變心意了。

霍布斯因拒絕相信靈魂存在而惡名昭彰。相較之下，跟他同時代的笛卡兒卻相信心靈和身體完全不同。或許就因如此，霍布斯才認為笛卡兒的幾何學造詣高過哲學，應該光研究幾何學就好了。

· 11 ·

# 你可能在做夢嗎？

笛卡兒

你聽到鬧鈴響了，把鬧鐘關掉，爬下床去著裝，吃了早餐，準備好面對今天。但接著一件意想不到的事情發生了：你醒了過來，發現那只是一場夢。你在夢中是醒的，過著生活，但現實中你還蜷縮在鴨絨被底下熟睡。如果你有過這種經驗，就會知道我的意思。這種夢通常叫做「假清醒」，顯得很逼真。法國哲學家笛卡兒[1]做過一次這種夢，而這個夢讓他開始思考，他怎麼能夠確定他不是在做夢？

對笛卡兒來說，哲學是許多知性興趣中的一個。他是出色的數學家，或許現在最為人知的成就是發明了「笛卡兒坐標系（直角坐標系）」，據說這來自他觀察一隻蒼蠅爬過天花板，想怎麼樣才能描述它在不同點上的位置。科學也讓他著迷，他既是天文學家也是生物學家。他身為哲學家的名聲大半建立在《沉思錄》跟《方法導論》上；在這些書裡，他探索了知識極限可能到哪裡。

就跟大多數哲學家一樣，笛卡兒不願貿然相信一件事，除非他已經檢驗過為何要信。他也喜歡問讓人尷尬的、別人不會想到要問的問題。當然，笛卡兒承認你不可能在生活中不斷質疑一切。如果你不在大多數時候直接信賴一些事物，活下去會變得極端困難，以前皮羅無疑就發現了這一點（見本書第三章）。不過笛卡兒認為值得在人生中試一次，弄清楚他能夠確知的是什麼（如果真有的話）。

1 笛卡兒（René Descartes），1596年－1650年，法國哲學家。

為了這麼做，他發展出一個方法，如今稱作「笛卡兒的懷疑方法」。

## ·任何可能為假的都不是真的

這個方法相當直接：如果一件事有一絲可能是假的，就別當成真的。試想有一大袋蘋果，你知道袋子裡有些蘋果發霉了，不過你不確定是哪幾顆。你想要擁有一整袋好蘋果、沒有任何發霉蘋果。要怎麼達到這個結果呢？一種辦法是把蘋果全部倒在地板上，然後一次檢查一顆，只把完全確定沒問題的蘋果擺回袋子裡去。在過程中你或許丟掉幾顆好蘋果，因為乍看之下它們可能內部發霉，不過結果絕對是只有好蘋果進得了你的袋子。笛卡兒的懷疑方法大致上就是這樣。你拿出一個信念加以檢驗，像是「我現在正醒著讀這本書」，只有在你確定這個信念不可能出錯或造成誤導的狀況下才接受。只要有一丁點懷疑的空間，就不接受。笛卡兒逐一檢查過他相信的幾件事，質疑他是否完全確定這些事就如同表面看來那樣。世界真的就是他眼中的那個樣子嗎？他確定他沒在做夢嗎？

笛卡兒想找到的是他能夠確定的一件事，這件事足以讓他在現實中有個立足點。不過有個風險是，他可能會沉到懷疑的漩渦裡，最後發現根本沒有一件事情是確定的。他在此採用了一種懷疑論式的步驟，不過跟皮羅及其追隨者的懷疑論不太一樣。皮羅等人打算證明沒有一件事是確實可知的，然而笛卡兒想證明的卻是，有些信念甚至可以抗拒幾種最強大的懷疑論。

笛卡兒追求確定性的出發點是思考來自感官的證據：視覺、觸覺、嗅覺、味覺跟聽覺。我們可以信任感官嗎？他的結論是其實不能。感官有時候會欺騙我們。我們會犯錯。想想你看到的事物：你的視覺在每件事物上都很可靠嗎？你應該總是相信你的眼睛嗎？

如果你從側面看一根放進水中的筆直棍子，看起來會是彎的。一個方形高塔從遠處看可能是圓的。我們全都偶爾會看錯。而且笛卡兒指出，信任一個以前欺騙過你的東西是不明智的，所以他拒絕把感官當成確定性的可能來源。他永遠不能確定感官沒騙他；大部分時候可能沒有，但感官會騙人的那點微薄可能性，就表示他不能完全信賴它們。這讓他落入什麼狀況呢？

「我現在正醒著讀這本書」這個信念在你看來可能相當肯定。你醒著（我希望如此），而且你正在閱讀。你怎麼可能去懷疑這一點？但我們已經提過，你在夢中會認為自己是清醒的。你怎麼知道你現在不是在做夢？或許認為你的經驗太有真實感、太細膩，不會是夢，但許多人都會做非常真實的夢，你確定你現在不是在做這種夢嗎？你怎麼知道？或許你已經捏了自己一把，看看你是不是在睡覺。如果你還沒這麼做，試試看。那證明了什麼？什麼也沒證明。你可能是夢到你在捏自己。所以你可能在做夢。我知道感覺上不像，而且這也非常不可能，但你到底是不是醒著，肯定還是有微小的懷疑空間。所以，應用笛卡兒的懷疑方法，你必須拒絕「我現在正醒著讀這本書」的想法，因為它不是能夠完全確定的。

## ・扭曲真實的惡魔

這讓我們看出不能完全信任自己的感官。我們不能完全確定自己不是在做夢。但笛卡兒說，當然了，就算在夢裡，二加三還是等於五。在此笛卡兒做了一個思想實驗，用一個虛構的故事來闡明他的論點。他把懷疑方法推到極致，想出一種比上述「我可能在做夢嗎」的測試還更嚴苛的測試方法。他說，想像有個惡魔，讓人難以置信地強大又聰明，同時也十分惡劣。這個惡魔要是存在的話，會在你每次做算術的時候讓二加三等於五，雖然總和其實應該是六。你不會知道惡魔對你做了這種事，你只會天真地把數字加起來，一切似乎看來很正常。

沒有一種簡單的方法能夠證明這種事情現在沒發生。或許這個邪惡又聰明的惡魔讓我產生幻覺，以為我坐在家裡，在筆電上打字，然而實際上我躺在南法的海灘上。或者也可能我只是一瓶泡在液體中的大腦，擺在壞心惡魔實驗室裡的架子上。他可能把電線插進我大腦裡，對我送出電子訊號，讓我產生自己在從事什麼活動的印象，但此刻我做的其實是另一件完全不同的事。或許惡魔讓我認為自己在打些有道理的文字，然而實際上我只是一再打著同一個字母。我無從得知。不管這種狀況聽起來多瘋狂，你不可能證明它現在沒發生。

這個壞心惡魔的思想實驗是笛卡兒用來把懷疑推向極限的方法。如果我們能夠確定有一件事情就連壞心的惡魔也騙不了我們，那會非常棒。這樣也能提供一種方法，回應那些聲稱我們什麼事情都無法確知的人。

他論證的下一步導出了哲學中數一數二著名的句子，不過知道這句話的人比真正理解的人多上許多。笛卡兒看出，如果惡魔真的存在且正在騙他，那一定有某件事是惡魔手中耍弄的工具。只要他到底還有個思緒在，他，笛卡兒，就一定存在。如果他不存在，惡魔就不可能讓他相信他存在。那是因為不存在的東西不可能思考。「我思故我在」（拉丁文是 cogito ergo sum）就是笛卡兒的結論。我在思考，所以我一定存在。你自己也試著想想看。只要你有什麼思緒或感覺，就不可能懷疑你存在。你是什麼則是另一個問題——你可以懷疑你是否擁有身體，或者懷疑你看得見、摸得到的那個身體。不過你不能懷疑你以某種思考之物的形式存在，那樣的懷疑會自相矛盾。一旦你開始懷疑自己的存在，懷疑之舉就證明你是身為思考之物而存在。

## ・心靈存在，肉體未必

這聽起來可能不怎麼樣，但是對笛卡兒來說，自身存在的確定性非常重要。這證明了那些懷疑一切的人，即皮羅派的懷疑論者，是錯的。這也是所謂的「笛卡兒式二元論」的開端。此概念的意思是，你的心靈和身體是分開的，而且身心彼此互動。它是二元論，因為指出了兩種不同的東西：心靈和身體。二十世紀的哲學家萊爾[2]嘲弄這個觀點，稱之為「機器中的鬼魂」迷思：身體是機器，靈魂則是棲息於其中的鬼魂。笛卡兒相信心靈能夠影響身體，身體也可以影響心靈，因為兩者在腦中的特定位置——松果腺——互相作用。不過他的二元論留給他一些必須解決的真實問題：要怎麼解釋一個非物理性質的東西（靈魂或心靈），在一個物理性質的東西（身體）上造成改變？

笛卡兒對於自己心靈的存在比身體的存在更確定。他可以想像沒有身體，卻不能想像沒有心靈。如果他想像沒有心靈，就表示他還是在思考，所以證明了他還是有個心靈，因為他要是沒有，就根本不可能有思緒。身體和心靈可以分離的想法，還有心靈或靈魂是非物理性的、不是由血肉骨頭造成的觀念，在虔誠的宗教信徒之間非常普遍。許多信徒希望心靈或靈魂會在身體死後繼續活下去。

然而證明只要他還在思考就存在，並不足以駁斥懷疑論。笛卡兒需要更多的確定證據，才能逃離他在自己的哲學沉思中召喚出的懷疑漩渦。他論證說一位善心的神必定存在。他用了某種版本的安瑟倫存有論論證（見第八章）來讓自己相

2 吉伯特・萊爾（Gilbert Ryle），1900 年－1976 年，英國哲學家。

信，神的概念就證明了神的存在——神不會是完美的，除非祂良而且存在，就像一個三角形要是內角和不是一百八十度，就不會是三角形了。他的另一個論證「標記論證」則指出，我們知道神存在，是因為祂在我們的心靈中種下一個概念，如果神不存在，我們不會有神的概念。一旦他確定神存在，笛卡兒思想的建設性階段就變得容易多了。一個善良的神不會在最基本的事物上欺騙人類，所以笛卡兒總結說，世界必定或多或少跟我們體驗到的一樣。在我擁有清楚分明的知覺時，這些知覺就是可靠的。他的結論如下：這世界存在，而且大致上就是看起來的那個樣子，儘管偶爾會弄錯我們知覺到的事物。然而有些哲學家相信這是一廂情願的想法，壞心惡魔可能騙他說上帝存在，就像騙他二加三等於五一樣輕鬆。少了善心的神存在的確定性，笛卡兒就不能從他是個思考之物的知識再往下推論。笛卡兒相信他展現了一條從徹底懷疑論中脫身的道路，但他的批評者仍舊懷疑這一點。

如同我們已經看到的，笛卡兒利用存有論論證與標記論證，讓自己滿意地證明神的存在。他的同胞巴斯卡對於「我們該相信什麼」這個問題卻有一條非常不同的解決途徑。

# · 12 ·

# 下注吧

## 巴斯卡

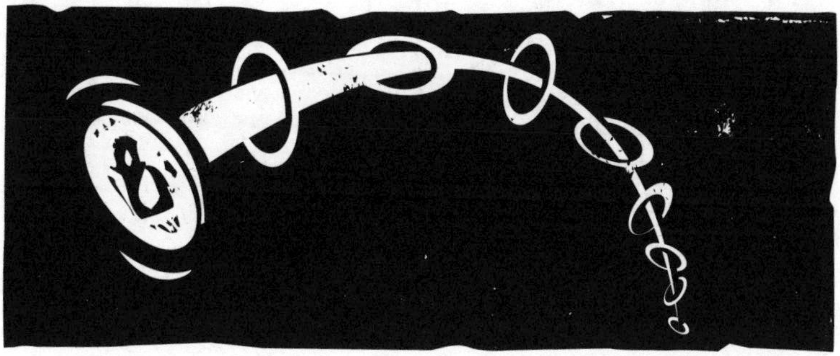

如果你擲一枚錢幣，結果可能是正面朝上或背面朝上。除非錢幣本身有鬼，否則兩者各有百分之五十的機率。所以你賭的是哪一面其實無關緊要，因為每次你擲錢幣，正面朝上的機率就跟背面朝上一樣。如果你不確定神是否存在，你應該怎麼做？就像擲錢幣嗎？你應該押神不存在那邊，隨你高興過日子嗎？或者以為神存在才比較合乎理性，就算此事很不可能為真？忠實於神的巴斯卡[1]拚命思考這個問題。

巴斯卡是虔誠的天主教徒。不過跟現在許多教徒不同，他對人性有極端陰暗的看法。他是悲觀主義者，在每個地方都看到人類墮落的證據，認為我們的不完美都是由於亞當和夏娃背叛了神的信任，從知識樹上吃了果實。就像奧古斯丁（見第六章），他相信人類受到性慾驅策，不可靠又容易厭倦。每個人都很不幸，每個人都在焦慮與絕望之間受折磨。我們應該理解我們全都微不足道。相對於生前死後的永恆而言，我們在人間的短暫時光幾乎是沒有意義的。我們各自在宇宙無盡的空間中占據了一個微乎其微的空間。然而巴斯卡同時相信如果我們沒有忽視神，人性是有某種潛力的。我們介於禽獸與天使之間，但可能在大多數的時空情境下，離禽獸近得多。

1 布雷斯．巴斯卡（Blaise Pascal），1623年－1662年，法國數學家、神學家、哲學家。

## ・研究機率的神學家

巴斯卡最知名的作品《沉思錄》是從他寫下的片段內容拼湊而成，在他三十九歲英年早逝以後才於一六七〇年出版，有一連串美麗精巧的簡短段落。沒有人能完全確定他打算如何整合這些片段，但此書的主要重點很清楚：是對他心中基督教義的辯詞。巴斯卡死時還沒完成這本書，各部分的排列順序是按照他用繩子把文件捆成一卷卷的安排，每一卷文件都構成書裡的一節。

巴斯卡小時候病懨懨，他這一生從沒有一個時候是身體強壯的。畫像裡的他一直看起來精神不佳，水汪汪的眼睛哀傷地注視著你。但他在很短的時間裡達成許多成就。青年時代，他在父親的鼓勵下變成一位科學家，研究真空的概念，還設計了氣壓計。一六四二年，他發明了一台機械式計算機，複雜的齒輪上連著刻度盤，用一支鐵針撥動刻度盤就能做加減運算。他以這台機器幫助父親做生意上的計算。它被稱為「巴斯卡計算機」，大概有鞋盒大小，雖然有點笨重，卻派得上用場，最主要的問題則是造價太高昂。

巴斯卡不只是科學家與發明家，也是優秀的數學家。他最有原創性的數學概念是跟機率有關。不過人們記得他的是身為宗教哲學家與作家的面向。這倒不是說他會喜歡被稱為哲學家：他的著作裡有許多評論是談哲學家知道的有多麼少、他們的觀念又多麼不重要。他把自己看成是神學家。

巴斯卡還年輕的時候就從數學與科學研究轉向宗教寫作，那是在他皈依一個爭議性的宗派「詹森派」以後。詹森派教徒相信預定論，這個概念認為我們沒有自由意志，只有少數已經被神預先揀選的人才能上天堂。他們也相信應該維持非常嚴格的生活方式。有一次巴斯卡看到姊姊摟著孩子就斥責她，因為他不贊成表現出情緒。他在世的最後幾年都過著如同僧侶般的生活；雖然最後害他喪命的疾病帶來很大的痛苦，他還是設法繼續寫作。

笛卡兒跟巴斯卡一樣是虔誠的基督徒、科學家兼數學家，相信可以透過邏輯來證明神的存在。巴斯卡則另有想法。對他來說，相信神是關乎心靈與信仰的事情。哲學家通常用來證明神存在的推論並沒有說服他。舉例來說，他不信你可以在自然中看到上帝親手創造的證據。他認為引領我們通往神的器官是心，不是腦。

## ・輸了也沒啥損失的賭注

儘管如此，他在《沉思錄》中提出一個聰明的論證，說服那些不確定神存不存在的人應該相信神。這個論證後來稱為「巴斯卡的賭注」，靈感來自他對機率的興趣。如果你是理性的賭客而不是上癮的賭棍，你就會想要贏得大獎的最佳機會，也想要盡可能把損失降到最低。賭客計算機率，而且原則上會依此下注。那麼在打賭神是否存在時，機率有什麼意義呢？

假設你不確定神是否存在，你有幾種選擇。你可以選擇假設神絕對不存在，以此前提去過生活。如果你是對的，那麼你有生之年絕對不會有來世可能存在的幻想，所以也不會苦惱自己是否可能因為罪過太多，到頭來上不了天堂。你也不會在教堂裡浪費時間，對一個不存在的東西祈禱。不過這條進路雖然有一些明顯的優點，卻有一個巨大的風險。如果你不信神，結果神卻真的存在，那麼你不但輸掉了享受天國福祐的機會，最後還可能落入地獄，永遠受到酷刑折磨。這是想像中最糟的結果。

巴斯卡指出，另一種做法是你可以選擇假設神確實存在，照這樣過你的日子。

你可以祈禱、上教堂、讀聖經。如果到頭來神確實存在，你就贏得可能性最高的大獎：永恆福祐的重要機會。如果你選擇相信神，結果卻猜錯了，你也不會犧牲太大（而且想來你不可能死後猶存，得知你賭錯了，還因此後悔你浪費掉一大堆時間跟力氣）。如同巴斯卡所說的：「如果你贏了，你就贏得一切；如果你輸了，你什麼也沒輸掉。」他承認你可能會錯過「那些有毒的樂趣」：榮光與奢華。但你會成為一個虔信、誠實、謙遜、感恩又慷慨的人，成為一位益友，總是說實話。並不是每個人都會從這樣的角度去看。巴斯卡可能在虔誠的宗教生活中沉浸太深，所以沒發覺對許多世俗之人來說，把人生奉獻給宗教、過著一種他們認為處於幻覺中的生活，會是一種犧牲。儘管如此，就像巴斯卡所指出的，一邊是你猜對了就有機會得到永恆的福祐，猜錯了只會有相對很小的不便與些許錯覺；另一邊是你冒著下地獄的風險，可能贏得的收穫也比不上天國裡的永恆。

在神是否存在的議題上，你也不可能真的當個騎牆派。就巴斯卡看來，你如果企圖左右逢源，下場可能就跟相信神絕對不存在一樣，到頭來身陷地獄，或者至少進不了天堂。你必須在兩條路中間做個決定。你真的不知道神是否存在，那應該怎麼做呢？

巴斯卡認為答案很明顯。如果你是理性的賭徒，冷靜注視著機率，你會看到你應該押注神存在，就算這樣做跟擲銅板一樣，正確的機會只有一點。潛在的獎賞是無限大的，可能的損失卻不大。他認為沒有一個理性的人會做別的選擇，大家在這種機率下只會賭神存在。顯然你有打賭神存在卻輸了的風險，但這是你應該承擔的。

## ‧信不了就模仿

但要是你看出這個邏輯，內心深處卻還是不覺得神存在呢？要說服自己去相信一件你懷疑是不真實的事，真的很困難（或許是不可能）。你或許能夠想像自己相信衣櫥裡有小仙子，不過那跟真正認為衣櫥裡有小仙子是不一樣的。我們相信的是我們認為真實的事物，那正是信念的本質。所以，懷疑神存在的無信仰者要怎麼對上帝有信心呢？

巴斯卡對這個問題也有答案。一旦你想清楚相信神對你是最有利的，那麼你就必須找到辦法說服自己神的確存在，並且要對神有信心。你應該做的，就是模仿已經相信神的人。花時間在教堂裡，做他們在那裡做的事情，領取聖水、做彌撒等等。他認為，很快你就不只是在模仿他們的行動了，而是實際上有跟他們一樣的信念與感受。你要贏得永恆生命，避免永恆折磨的風險，那就是你的最佳良機。

並不是每個人都覺得巴斯卡的論證很具說服力。其中最明顯的問題是，如果神存在，可能不會非常喜歡那些只因為這樣賭最保險所以才信神的人。那看來像是信神的錯誤理由。這個理由實在太自私自利了，完全奠基在你自私地想要不計代價拯救自己的靈魂。那導致一個風險，就是神會確保採用這種賭徒論證的人永遠進不了天堂。

巴斯卡的賭注還有一個嚴重的問題，就是沒考慮到遵循這個做法的另一種可能後果：你選錯宗教信錯神。巴斯卡提出的選項是信仰基督教的神或者不信神，但還有許多別的宗教答應給信徒永恆的福祐。如果事實證明那些宗教有一個是真的，那麼遵循巴斯卡賭注論證、選擇信奉基督教的人，可能就跟拒絕任何信仰的人一樣，完全沒機會在天國享受無盡的幸福了。要是巴斯卡想過這種可能性，他對於人類處境的看法說不定會比本來更悲觀。

巴斯卡相信聖經裡描述的神；史賓諾莎則對神有非常不同的看法，讓一些人懷疑他是偽裝過的無神論者。

· 13 ·

# 磨鏡人

## 史賓諾莎

大多數宗教的教義是，神存在於世界之外的某處，或許是在天堂裡。史賓諾莎[1]的見解卻很不尋常，他認為神就是這個世界。他寫作談論「神或自然」以彰顯這個論點，也就是說，兩個詞是指同樣的東西。神和自然是形容單一事物的兩種方式。神就是自然，自然就是神。這是一種泛神論，相信「神即萬物」。這是很激進的觀念，讓他惹上很多麻煩。

史賓諾莎生於阿姆斯特丹，是一位葡萄牙裔猶太人之子。阿姆斯特丹當時是很多人逃避迫害的熱門目的地；但就算在那裡，你能表達的觀點也有限制。史賓諾莎雖然是在猶太教傳統下長大，卻於一六五六年他二十四歲時，在眾拉比的譴責下被所屬的猶太會堂開除教籍，可能是因為他對神的看法太不正統。他離開了阿姆斯特丹，後來在海牙落腳，並開始以「班乃迪克·德·史賓諾莎」之名為人所知，而不是用他的猶太名巴魯赫。

許多哲學家都很佩服幾何學。古希臘人歐幾里德證明了好幾條幾何學假設，他都是從幾個簡單的公設或起始假設出發，導出像是「三角形內角和等於兩個直角和」這樣的結論。而哲學家常仰慕幾何學的地方就在於它的推導方式：透過合乎邏輯的縝密步驟，從大家同意的起點導出讓人驚訝的結論。如果公設是真的，

1 巴魯赫·史賓諾莎（Baruch de Spinoza），1632年－1677年，荷蘭哲學家。

那麼結論必定是真的。幾何學這種推論方式同時啟發了笛卡兒與霍布斯。

史賓諾莎不只仰慕幾何學，他的哲學寫作寫得就像是幾何學。他的著作《倫理學》中的「證明」看起來就像幾何學證明，包括了公設與定義。他認為它們應該要有跟幾何學一樣嚴酷的邏輯，但他處理的主題不是三角形的角或圓形的圓周之類的東西，而是跟神、自然、自由與情緒有關。他覺得我們可以用推論三角形、圓形跟矩形的同一種方式來分析並推理這些主題。他甚至用 QED 來結束每一節。這三個字母是拉丁文 *quod erat demonstrandum* 的縮寫，出現在幾何學教科書裡，意思是「故得證」。他相信這世界跟我們在其中的位置有個潛在的結構邏輯，是理性可以揭示的。沒有一件事物的現狀是隨機的，一切都有目的與原則。萬事萬物都在一個巨大的體系中彼此拼合在一起，了解這一點的最佳方式就是透過思考的力量。這種強調理性而非實驗與觀察的哲學取徑通常稱為理性論。

史賓諾莎享受自己一個人度日。在孤獨中，他有時間與平靜的心境可以追求學問。而且，既然他對神的看法不同，不要參與比較公開的機構可能更安全些。也因為這個理由，他最著名的著作《倫理學》直到死後才出版。雖然他身為很有原創性的思想家，在世時就聲名遠播，他還是拒絕了一份在海德堡大學擔任教職的邀請。不過他很樂於跟來訪的一些思想家討論他的看法，例如哲學家兼數學家萊布尼茲。

史賓諾莎生活非常簡單，租屋居住而沒有買自己的房子。他不需要很多金錢，能夠靠著他身為磨鏡師的收入，還有仰慕他哲學作品的人所付出的小筆金錢過活。他做的鏡片是用在望遠鏡和顯微鏡這類科學儀器上，讓他能保持生活獨立，又能在租屋處工作。不幸的是，這份工作或許也造成他才四十四歲就因為肺部感染早早離世。他吸進了磨鏡時磨出的細微玻璃粉末，那幾乎確定傷害到他的肺臟。

## ・我們都是神的一部分

史賓諾莎推論，如果神是無限的，那麼必然不可能有任何不是神的事物。如果你發現宇宙中有一樣神以外的事物，那麼神就不是無限的，因為根據原則，神本來可以是那個事物，也是任何其他事物。我們全都是神的一部分，但石頭、螞蟻、草葉跟窗戶也是；一切都是。所有事物拼合在一起，成了複雜得讓人難以置信的整體，不過最終，一切存在的事物都是神的一部分。

傳統的宗教信徒宣揚神愛世人，會回應個人的祈禱。這是一種擬人主義，也就是把人類的屬性，像是同情，投射到神這個非人的存在。擬人主義最極端的形式，就是想像神是一個有大鬍子跟溫柔微笑的仁慈男子。史賓諾莎的神則不像這樣，祂，更精確的說法或許是「它」，完全是無人格的，不在乎任何人或任何事。根據史賓諾莎，你可以愛神、也應該愛神，不過別期待任何愛的回報。那樣會像是一個愛好大自然的人期待大自然也以愛回報。事實上，他描述的神對人與人的作為如此徹底漠不關心，以至於許多人認為史賓諾莎根本不信神，他的泛神論只是個幌子而已。他們認為他是完全拒斥宗教的無神論者。一個相信神不關心人類的人，怎麼可能不是無神論者？然而從史賓諾莎的角度來看，他對神有知性的愛，這種愛以理性的深刻理解為基礎。不過這幾乎不是傳統的宗教。猶太會堂開除他的教籍可能是對的。

## ・自由意志不過是幻覺

史賓諾莎對自由意志的觀點也很有爭議。他是決定論者，這表示他相信人的每個行動都是前因造成的後果。一顆石頭扔進空中，如果變得像人類一樣有意識，就會想像它是靠自己的意志力移動，雖然實情不然。真正讓它動的是拋擲的力量，還有重力的影響。石頭只覺得是它、而非重力在控制著方向。人類也是一樣：我們想像自己自由地選擇做什麼，也能控制我們的生活，但那是因為我們通常不了解我們的選擇跟行動是如何導致的。事實上自由意志是個幻覺，根本沒有自發的自由行動。

儘管史賓諾莎是決定論者，他還是相信可能有某種非常有限的人類自由，那也是人們想要的。最糟糕的存在方式就是處於他所謂的枷鎖狀態：完全受制於情緒。當有壞事發生時，比方說別人對你很粗魯，你的脾氣就失控了，滿心恨意。這是非常被動的存在方式。你只是對事件做出反應，外在事件導致你的憤怒；你完全沒有主控權。逃離這種狀況的辦法就是進一步了解形塑行為的原因，那些導致你生氣的事情。史賓諾莎認為，我們能達到的最佳狀態是讓情緒照我們的選擇而浮現，而不是因為外在事件而生。就算這些選擇永遠不是完全自由的，主動總比被動好。

史賓諾莎是典型的哲學家。他做好引起爭議的準備，提出不是人人都樂意聽的觀念，並且用論證來捍衛他的觀點。他透過著作繼續影響閱讀他作品的人，甚至在他們強烈反對他闡述的內容時亦然。他的神，即自然的信念在當時並沒有蔚為流行，但從他死後就有一些非常顯赫的仰慕者，包括維多利亞時代的小說家喬治・艾略特[2]，她翻譯了史賓諾莎的《倫理學》，還有二十世紀的物理學家愛因斯坦，雖然他無法相信一個有人格的神，卻在一封信裡揭露他確實信仰史賓諾莎的神。

正如我們已經看到的，史賓諾莎的神沒有人格、也沒有人性特質，所以不會懲罰任何人的罪。跟史賓諾莎同一年出生的洛克則採取一條非常不同的路線。他對自我本性的討論，有一部分源於他擔憂最後審判日會發生什麼事。

2 瑪麗・安・艾凡斯（Mary Ann Evans），筆名喬治・艾略特（George Eliot），1819 年－ 1880 年，英國小說家。

· 14 ·

# 王子與補鞋匠

## 洛克與里德

你還是小寶寶的時候像什麼樣？如果你有那時的照片，請看一下。你看到了什麼？那真的是你嗎？你現在看起來可能很不一樣了。你能記起還是小寶寶的時候是什麼感覺嗎？我們大部分人記不起來。我們全都隨著時間改變。我們長大、發育、成熟、衰老、遺忘。我們大部分人皺紋越來越多，到最後頭髮變白或脫落，我們改變個人觀點、朋友、穿著方式跟考慮事情的優先順序。那麼從什麼意義上來說，年老的你跟當年的嬰兒還是同一個人？是什麼讓你在不同時間裡仍舊是同一個人？這個問題讓英國哲學家洛克[1]很困惑。

洛克就像許多哲學家一樣興趣很廣。他對朋友波以耳與牛頓的科學發現很熱中，曾經參與他那個時代的政治，也寫過關於教育的文章。在英國內戰後的動盪時期，他被指控企圖謀害剛復位的新國王查理二世，於是逃到尼德蘭去。他在當地發表支持宗教寬容的言論，論證說透過酷刑企圖逼人改變信仰是荒謬的。他認為我們有生命、自由、幸福與財產的天賦人權，這觀念影響了寫下美國憲法的美國開國元老。

我們沒有洛克嬰兒時期的任何照片或圖畫，不過他可能隨著年齡增長改變了很多。中年的他外表憔悴枯瘦，看來情緒強烈，留著散亂的長長白髮。他嬰兒時

1 約翰・洛克（John Locke），1632年－1704年，英國哲學家。

應該大不相同。洛克有一個信念是，一個新生兒的心靈就像一塊空白石板。我們出生的時候什麼都不知道，我們所有的知識都是來自後來的人生經驗。當嬰兒洛克逐漸長成年輕的哲學家，他學到了各種信念，變成我們現在認為的洛克。但在哪種意義上，他跟當初的嬰兒是同一個人？在哪種意義上，中年洛克跟青年洛克是同一個人？

不只是對自己和過去的關係感到納悶的人類才會有這種問題。就像洛克注意到的，甚至你在談到襪子的時候也會是個問題。如果你有一隻襪子上面破了個洞，你補好了那個洞，然後又補好另一個洞，一直補下去，最後你可能會有一隻光靠補丁組成的襪子，原有的布料一點都不剩。那還是同一隻襪子嗎？一方面來說確實是，因為襪子的組成從原始樣子到徹底由補丁構成為止是連續的。但從另一個意義上來說，那又不是同一隻襪子，因為原來的布料全都不在了。或者來設想一棵橡樹，它從橡實開始長起，每年都會掉葉子，會長得更大，樹枝會掉下來，但還是同樣一棵橡樹。橡實跟幼苗是同一棵植物嗎？幼苗跟巨大的橡樹是同一棵植物嗎？

## ・昨日的我還是明日的我嗎？

是什麼讓一個人類在不同時期還是同一個人？要著手處理這個問題，有一個辦法是指出我們是生物。你跟嬰兒時的你一樣是同一隻動物。洛克用「人」（man，在此同時指男人或女人）這個字來指涉「人這種動物」。他認為在這種意義上，我們每個人在一生之中都一直是同一個「人」。這個活的人類有一種在他或她的人生過程中發展出的連續性。不過洛克又說，身為同樣一個「人」，跟具有同一人格（person）是非常不一樣的。

根據洛克的說法，我可以是同樣的「人」，卻不是我先前那個同樣的人格。怎麼可能呢？洛克主張，讓我們在不同時間身為相同人格的東西，是我們的意識，我們對個人自我的自覺。你無法記住的事情不是你人格的一部分。為了闡明這一點，他想像有一個王子帶著一個補鞋匠的記憶甦醒，補鞋匠則帶著王子的記憶醒來。王子醒來的時候就像平常一樣置身於他的宮殿，從外表看來他就是入睡時的同一人。但因為他帶著補鞋匠的記憶，而不是他自己的記憶，他覺得他是補鞋匠。身體上的連續性無法解決這個身分問題。真正重要的是心理連續性。如果你有王子的記憶，那麼你就是王子。如果你有補鞋匠的記憶，就算你有王子的身體，你還是補鞋匠。如果補鞋匠先前犯了罪，應該是擁有王子身體的那一個人要為此負責。

當然，在一般狀況下，記憶不會像那樣對調，洛克是用這個思想實驗來強調他的論點。可是有些人確實聲稱可能有超過一個人格占據單一的身體。這種狀況稱為多重人格違常，也就是不同的人格出現在單一的個體身上。洛克預期到這種可能性，就想像有兩個完全不同的人格住在同一個身體裡，一個出現在白天，另一個出現在晚上。如果兩個心靈之間無法互通，那麼按照洛克的說法，他們就是兩個人。

## ・用人格與記憶判定一個人

洛克認為人格同一的問題與道德責任密切相關。他相信神只會懲罰人自己記得犯過的罪。一個不再記得自己做過壞事的人，跟犯下罪過的人不是同一人。在日常生活中，當然，人會撒謊自己記得什麼事。所以如果有人聲稱已經忘了做過什麼，法官並不願意就這樣放過他們。但因為神知道所有事情，祂能夠分辨誰該或誰不該受懲罰。洛克此種觀點會產生一項後果：如果納粹餘孽的追捕者找到一名年輕時曾擔任集中營守衛的老人，這老人只應該為他能記得的事情負起責任，而不用為任何其他罪行負責。就算平常的法庭不會對他網開一面，神也不會為了他忘記的事情懲罰他。

洛克解決人格同一問題的方式，也回答了與他同時代的一些人苦思不解的一個問題。他們擔憂你是否需要在同一副軀殼裡復活才能上天堂。如果你確實需要，那麼要是你的身體被食人族或野生動物吃掉了，會發生什麼事呢？你要怎麼樣湊齊所有身體部位才能從死亡之軀復活？如果食人族吃了你，那麼你的碎片會變成他或她的一部分，但食人族跟食人族的大餐（也就是你）怎麼可能同時恢復原有的身體？洛克澄清道，真正重要的是你在來世還是同一個人格，而不是同一個身體。就他的觀點來看，如果你還有同樣的記憶，你就會是同一個人，就算這些記憶是附著於跟先前不同的身體上。

洛克的觀點還有另一項後果：你可能跟照片裡的小嬰兒不再是同一個人格

了。你們是同一個個體，但除非你記得身為嬰兒的事，不可能還是同一個人格。你的人格同一性只延伸到跟你記憶一樣遠的地方。你的記憶隨著年紀增長而褪色，因此你作為一個人格的延續範圍也會縮減。

## ・忘記的我不是我？

有些哲學家覺得洛克有點太強調自覺記憶是人格同一的基礎。十八世紀時，蘇格蘭哲學家里德[2]想出一個例子，顯示洛克對於人格定義的想法有個弱點。一位老兵可以記得他還是年輕軍官時在戰場上表現多勇敢；他是個年輕軍官時，記得自己還是小男孩時在果園裡偷蘋果而挨了打。但當這位軍人年老後，他不再記得童年的事情了。無疑地，這種記憶重疊的模式不就表示這個老兵跟當年的男孩還是同一個人格？里德認為事情很明顯，老兵和年輕男孩仍是同一人。

但根據洛克的理論，這個老兵跟年輕時的勇敢軍官是同一個人格，但跟那個被打的小孩子卻不是（因為老兵已經忘記那件事了）。同樣根據洛克的理論，年

2 湯瑪斯・里德（Thomas Reid），1710年－1796年，蘇格蘭哲學家。

輕軍官跟小孩是同一個人格（因為他能夠記得自己在果園的淘氣事跡）。這樣會得到一個荒謬的結果：老兵跟年輕勇敢的軍官是同一個人格，年輕勇敢的軍官跟孩子是同一個人格，但同時這老兵跟那孩子卻不是同一個人格。從邏輯來看，這根本不通。它就像是說A等於B，B等於C，但A又不等於C。人格同一似乎仰賴彼此重疊的記憶，而不像洛克想的那樣是仰賴總體的回憶。

洛克身為哲學家的影響力絕對不只是靠他對人格同一的討論。在他的偉大著作《人類悟性論》（一六九〇年出版）裡，他提出這個觀點：我們的觀念向我們表徵出這個世界，但世界只有在某些方面是表面上那個樣子。這刺激了巴克萊想出他充滿想像力的現實描述。

· 15 ·

# 房間裡的大象

## 巴克萊（還有洛克）

你有沒有納悶過，在你關上冰箱門、沒有人看得見裡面時，冰箱照明燈是不是真的會熄滅？你如何得知呢？或許你能臨時架一台遙控攝影機，但當你把攝影機關掉後，會發生什麼事呢？又如果一棵樹在林中倒下，沒有人在那裡的時候，樹倒了真的會發出聲音嗎？還有，你怎麼知道你不在臥室時，你觀察不到的臥室也繼續存在？或許每次你一走出房門，臥室就消失了。你可以請別人幫你查看，但困難的問題是：沒有人在觀察的時候，臥室還繼續存在嗎？我們不清楚要怎麼樣回答這些問題。大多數人認為物體在沒有被觀察的時候確實繼續存在，因為那是最簡單的解釋。大多數人也相信，我們觀察的世界就在外面某處，不只是存在於我們內心。

## ・無人的林子裡，樹倒下時會有聲響嗎？

不過，根據後來成為克羅因主教的愛爾蘭哲學家巴克萊[1]的說法，任何東西在不受觀察的時候就停止存在了。如果沒有一個心靈直接察覺到你在讀的書，這

1 喬治・巴克萊（George Berkeley），1685年－1753年，愛爾蘭哲學家。

本書就再也不會存在。你正在注視這本書的時候，你可以看到、碰到書頁，但對巴克萊而言，那一切只表示你有一些經驗。這不表示外在世界裡存在什麼東西而導致了你的經驗。這本書只是你跟其他人心中（或許還有神心中）的觀念集合。巴克萊認為「外在世界」的整個概念完全不合理，那一切似乎違背常識。我們周遭想必環繞著種種物體，不管有沒有人察覺到它們，它們還是繼續存在，不是嗎？巴克萊不這麼想。

想當然，他剛開始闡明他的理論時，許多人相信他發瘋了。事實上，一直到他死後，哲學家們才開始認真看待他，並且體認到他企圖做到什麼。同時代的約翰遜[2]聽說巴克萊的理論後，用力踢了一腳街上的石頭然後聲稱：「我以此反駁。」約翰遜的論點是，他確定實質物體存在，它們不只由概念構成——他踢石頭的時候，可以感覺到石頭硬硬抵著他的腳趾，所以巴克萊一定錯了。但巴克萊比約翰遜想的還要聰明。感覺到石頭抵著你的腳時那種堅硬的感覺，並沒有證明實質物體的存在，只證明一顆硬石頭的觀念存在。對巴克萊而言，我們稱為石頭的東西不過就是它引起的那些感受而已。在感受背後，並沒有「真正的」實體石頭導致腳踢石的疼痛。事實上，在我們具備的觀念背後，根本沒有現實。

2 山繆．約翰遜（Samuel Johnson），1709年－1784年，英國文學家。

巴克萊有時候被描述為觀念論者，有時候又被稱為非唯物論者。他是觀念論者，因為他相信存在的一切都是觀念；他是非唯物論者，因為他否認物質（物體）存在。就像許多我這本書裡討論過的哲學家一樣，他著迷於表象與現實之間的關係。他相信大多數哲學家都誤解了這種關係。他特別論證洛克的理論有誤，說他弄錯了思想如何跟世界產生關連。了解巴克萊的哲學進路，最容易的方法就是比較他跟洛克的說法。

## ・我們眼中的大象只是一種觀念

洛克認為，如果你注視著一隻大象，你不是看到大象本身。你視為大象的東西實際上是一種表徵；他稱那是你心中的一個觀念，像是一隻大象的圖畫。洛克用「觀念」這個詞來涵蓋我們可能想到或知覺到的任何東西。如果你看到一隻灰色大象，這灰色性質不可能只是大象身上的某種東西，因為在不同光線之下，牠看來會有不同的顏色。灰色性質就是洛克所謂的「次性」（secondary quality）。

它是結合大象的特性與我們感官（在這個例子裡是眼睛）的特性以後製造出來的。大象皮膚的顏色、質地、還有糞便的味道，全都是次性。

根據洛克的說法，初性（primary quality），像是大小跟形狀，是世界中的物體真正具備的特性。初性的觀念就很像那些物體。如果你看到一個方形物體，那麼激發你這種觀念的實物也是方的。但如果你看到的是一個紅色方塊，那個導致你知覺的實物並不是紅的。實物是沒有顏色的。洛克相信，我們對顏色的知覺是來自物體細微的質地跟我們視覺系統之間的互動。

不過這裡有個嚴重的問題。洛克相信外頭有個世界，就是科學家企圖描述的一個世界，不過我們只能間接地接觸它。他是實在論者，因為他相信真實世界存在。就算沒有人察覺得到，這個真實世界也繼續存在。對洛克來說，困難在於知道這世界是什麼樣子。他認為形狀與大小等初性的觀念是對現實的良好描繪。不過他怎麼可能知道呢？他是經驗論者，相信經驗是我們所有知識的源頭，既然如此，他應該要有好的證據來支持，初性的觀念和真實世界相似。但他的理論並沒有解釋，既然我們無法驗證，他如何知道真實世界像什麼樣。他怎麼能夠這麼確定形狀與大小等初性的觀念跟外在世界的性質是相像的？

## ・所有不被觀察到的都不存在

巴克萊聲稱自己說法更一致。不像洛克，他認為我們確實直接知覺到世界。這是因為世界的構成沒別的，就是觀念而已。所有經驗就是存在的一切。換句話說，世界跟其中的萬事萬物都只存在於人的心中。

你經驗到並思考的一切事物，比如一張椅子或一張桌子、數字三、還有其他等等，對巴克萊而言都只存在於心靈中。一個物體只是你跟其他人具備的種種觀念的集合，它的存在沒有別的方式。如果沒有人看見或聽見這些觀念集合，物體就只會停止存在，因為物體並不是超越人類（還有神）具備的觀念以外的東西。巴克萊用拉丁文「Esse est percipi」來總結這個奇特的論點——「存在就是被知覺」。

所以，要是沒有一個心靈去體驗，冰箱的小燈不可能是亮的，樹也不可能發出倒下的聲音。看來巴克萊的非唯物論導出的就是這個明顯的結論。不過他不認為物體會一直忽而存在、忽而消失；就連他都承認這樣很怪異。他相信神保障了我們的觀念會持續存在。神一直知覺到世界萬物，所以這些東西會繼續存在。

二十世紀早期有人寫下了兩首五行打油詩來描繪這個論點。這裡引用的是第一首，點出了「一棵樹在無人觀察時就不存在」有多奇特：

**一度有人說，**
**「神必定認為這極端怪誕**
**如果他發現到，這棵樹**
**繼續存在**
**此時卻沒有人在方院裡[3]」**

這個說法當然是對的。巴克萊的理論最讓人難以接受的地方，就在於如果沒有人經驗到的話，一棵樹就不會在那裡。他的解決方案，是來自上帝的訊息：

**親愛的先生，你的震驚很怪誕：**
**我總是在方院裡。**
**而這就是為什麼樹木**
**會繼續存在，**

3 「方院」是牛津各個學院庭院裡的方形草地名稱。

**因為它被觀察著，來自你忠實的上帝。**

然而對巴克萊而言，有個顯著的難題是：要怎麼解釋我們可能會弄錯任何一件事？如果我們有的就只是觀念，在它們背後沒有更進一步的世界了，我們怎麼分辨真實物體和眼睛錯覺之間的差別？他的答案是，我們稱為現實的經驗與錯覺的經驗兩者的差別在於，我們體驗「現實」的時候，我們的觀念不會彼此矛盾。比方說，如果你看到水中有根槳，它看起來可能從進入水中的那一點開始彎折。對於洛克這樣的實在論者來說，槳其實仍是直的，它只是看起來彎了。對巴克萊而言，我們是有一個彎槳的觀念，但這個觀念牴觸了我們伸入水中觸摸槳時得到的觀念，我們那樣做時會感覺到槳是直的。

巴克萊並沒有時時刻刻捍衛他的非唯物論；他的人生有更多其他的事情。他是個善於社交又討人喜歡的男性，他的朋友包括了《格列佛遊記》的作者史威夫特。巴克萊在晚年醞釀了一個很有野心的計畫，要在百慕達島上開一家學院，並且設法募集到一大筆創辦資金。不幸的是這個計畫失敗了，有一部分原因在於他沒發現從本土到百慕達距離有多遠，把支援物資送到那裡又有多困難。然而在他死後，確實有一間美國西岸的大學以他的姓氏命名：加州柏克萊大學。那是來自他寫過一首關於美洲的詩，詩裡這句話「帝國之路朝西行」打動了那所大學的一位創辦人。

或許比巴克萊的非唯物論更奇怪的是，他在晚年熱烈提倡松焦油水。那是一種美洲民俗藥方，用松焦油和水調配而成，據說能治百病。他甚至誇張到寫了一首長詩讚頌這種藥有多神奇。雖然松焦油水有一段時期很受歡迎，甚至對某些小毛病有療效（因為它確實含有溫和的抗菌性質），但現在理所當然不再受歡迎了。巴克萊的觀念論也沒有繼續流行。

巴克萊是一種哲學家的範例：準備好遵循他的論證，該往哪去就往哪去，就算會導向牴觸常識的結論也一樣。相較之下，伏爾泰對這樣的思想家就沒什麼耐性；或者更確切來說，他對大多數哲學家都沒耐性。

· 16 ·

# 所有可能世界中最好的世界？

## 伏爾泰與萊布尼茲

如果這個世界當初是你設計的，你會照現在的樣子設計嗎？可能不會。不過在十八世紀，有些人論證說，他們的世界是所有可能世界中最好的一個。「凡存在，即合理。」英國詩人亞歷山大・波普[1]如此宣稱。世界裡的萬事萬物會是現在的樣子，是有理由的：這全都是神的工作，神是善良而全能的。所以就算乍看事態變糟了，實際上卻非如此。疾病、洪水、地震、森林火災、乾旱等等，全是神計畫的一部分。我們錯在集中注意力放大個別細節，沒有看到更大的圖像。如果我們能往後退一步，從神所在的位置看這個宇宙，我們就會體認到宇宙的完美，看出每個碎片如何拼合在一起，一切看似邪惡的東西都正是更大計畫的一部分。

波普的樂觀主義並不孤單。德國哲學家萊布尼茲[2]用他的「充足理由律」得到了同樣的結論。他假定一切事物一定有個合乎邏輯的解釋。既然神在每一方面都完美，這也是神的標準定義的一部分，那麼神一定有絕佳的理由，讓宇宙確實以現在這個祂塑造出的樣子成形。沒有一件事是留待機率決定的。神並沒有創造一個在每方面都絕對完美的世界，如果那樣就會把這個世界變成神了，畢竟神才是既有或可能會有的最完美之物。不過祂必定造出了所有可能世界之中最好的世界，為達成此一結果，這個世界裡的罪惡只有所需的最少量。要化零為整、拼湊

1 亞歷山大・波普（Alexander Pope），1688年－1744年，英國著名詩人。

2 高佛烈・威海姆・萊布尼茲（Gottfried Wilhelm Leibniz），1646年－1761年，德國哲學家。

出世界，不可能有比這更好的辦法了：沒有一種設計能用更少的惡製造出更多的善。

阿胡耶[3]，也就是廣為人知的伏爾泰，他的看法則不是這樣。對於這種一切都很好的「證明」，他一點都不覺得安慰。他深深懷疑那些相信自己知道一切答案的思想家和哲學體系。這位法國劇作家、諷刺文學家、小說家兼思想家因為直言不諱的觀點而名聞全歐洲。他最著名的塑像（由烏東[4]所做）捕捉了這個機智又勇敢的人緊抿著嘴的微笑和笑紋。身為言論自由與宗教寬容的支持者，他是個爭議性的人物。舉例來說，據說他曾宣稱：「我痛恨你所說的話，但我會誓死保衛你說話的權利。」他藉此強而有力地辯護，即使你鄙視的觀點都值得聆聽。然而在十八世紀的歐洲，天主教教會嚴格控制了出版內容。許多伏爾泰的戲劇與書受到審查、公開焚毀，他甚至曾被關進巴黎的巴士底監獄，因為他侮辱了一位勢力很大的貴族。不過這一切都沒有讓他停止挑戰他周遭人士的偏見與矯飾。時至今日，他是以《憨第德》（一七五九年出版）作者之名傳世。

在這部簡短的哲學小說裡，他從根基徹底破壞了波普與萊布尼茲對人類和宇宙所表達的那種樂觀主義，而且他的寫法很有娛樂效果，這本書立刻暢銷。伏爾

3 佛杭蘇瓦－馬希・阿胡耶（François-Marie Arouet），1694年－1778年，筆名伏爾泰（Voltaire），啟蒙時期法國思想家、文學家。

4 尚－安東・烏東（Jean-Antoine Houdon），1741年－1828年，法國新古典主義雕塑家。

泰還很明智地沒在標題頁放上自己的名字，免得書一出版就讓他因為取笑宗教信仰而再度吃牢飯。

## ・這世界的惡比最少量多太多了

憨第德就是主角，他的名字意味著天真單純。在小說一開始的時候，他是年輕的僕人，絕望地愛上了主人的女兒克妮岡蒂，但他跟克妮岡蒂處於某種不雅狀態時被人逮到，害他遭逐出城堡。接著，在這個進展迅速、常常帶有幻想色彩的故事裡，他跟著哲學導師潘葛羅斯博士遊歷了真實和想像的國家，最後終於和失散的愛人克妮岡蒂重逢，只是現在她已經又老又醜了。書中有一連串喜劇般的插曲：憨第德和潘葛羅斯一次次見證了可怕的事件，沿途遇到各式各樣的人物，那些人自己也都遭受種種可怕的不幸。

伏爾泰利用潘葛羅斯這位哲學導師，滔滔不絕講著滑稽版的萊布尼茲哲學，然後再由作者來挖苦取笑。不管發生什麼事，天災、酷刑折磨、戰爭、強姦、宗教迫害還是奴役，潘葛羅斯都認為，那進一步肯定了他們住的世界是所有可能世界裡最好的一個。每經歷一次災難，非但沒有讓他重新思考他的信念，只是增加了他的信心，認為一切都是最好的安排，事情就是必須如此才能產生最完美的狀態。伏爾泰揭發潘葛羅斯昧於現實，得到了很大的樂趣，而他這麼做的用意在於嘲弄萊布尼茲的樂觀主義。但持平來說，萊布尼茲的論點並不是說邪惡之事不會發生，它更像是說，為了帶來可能的最好世界，惡的存在是必要的。然而《憨第德》的確指出這世界上的罪惡如此多，萊布尼茲不可能是對的——那不可能是要達到好結果所需的最少量罪惡。這世上的痛苦磨難實在太多了，萊布尼茲的說法不可能是真的。

一七五五年，堪稱十八世紀最慘烈的一次天災發生了：超過兩萬人喪命的里斯本大地震。這個葡萄牙城市不只飽受地震蹂躪，隨後還有海嘯來襲，接著又有火災肆虐多日。這種苦難與生命損失動搖了伏爾泰對神的信仰。他不能了解像這樣的事件怎麼可能是更大計畫的一部分。苦難的規模太龐大，對他來說完全不合理。為什麼一位善良的神會容許這種事發生？他也看不出為什麼里斯本要遭此大劫。為什麼是那裡，而非別處？

在《憨第德》的一個關鍵情節中，伏爾泰用這個真實悲劇來證明他的論點，反駁樂觀主義者。一群旅人在靠近里斯本的地方遇上暴風雨，發生船難，幾乎害死船上所有人。船員中唯一生還的是一個水手，他故意溺死他的一位朋友。雖然這種行為顯然不公不義，潘葛羅斯卻還是透過他的哲學樂觀主義來看待一切。潘葛羅斯就在地震大肆破壞里斯本之後抵達這個城市，他身邊有成千上萬已死或垂死的人，他卻很荒謬地繼續主張一切都是好的。在這本書的其餘部分，潘葛羅斯碰到的狀況日益惡劣：他被吊起來、活生生剖開、慘遭痛打、又被迫當奴隸在帆船上搖槳。但他還是緊抓著他的信仰不放，認為萊布尼茲相信一切都有「預定和諧」。沒有一種經驗能動搖這位頑固哲學教師的信念。

## ・做點比哲學有用的事吧

跟潘葛羅斯不同，憨第德因為親眼目睹的事情而逐漸改變。在旅途開端，他抱著跟導師一樣的觀點，但到了這本書的結尾，他的經驗已經讓他懷疑所有的哲學，選擇用比較實際的方法解決人生的種種問題。

憨第德與克妮岡蒂重新結合，他們跟潘葛羅斯還有幾個其他角色一起住在一個小農場上。有一個角色叫馬丁，他指出了唯一讓人生堪能忍受的方法就是停止哲學思考，腳踏實地工作。他們有史以來第一次互相合作，每個人都做他或她最擅長的事。潘葛羅斯開始辯稱，他們人生中發生過的一切壞事都是必要的惡，才導致現在這個幸福的結果，憨第德則告訴他，這一切都非常好，不過「我們必須耕耘我們的花園」。這就是整個故事的結語，有意向讀者傳達一個強烈的訊息；它就是這本書的中心主旨，這個長篇笑話的關鍵句。在故事脈絡內，憨第德說的是他們必須繼續做莊稼工作，必須讓自己忙碌。然而從更深刻的層次來看，伏爾泰筆下的「耕耘我們的花園」是一個暗喻，意思是說該做點對人類有用的事，而不只是空談玄之又玄的哲學問題。書中角色就必須這麼做，才能過著富足幸福的生活。伏爾泰更藉此強烈地暗示，那不只是憨第德跟他的朋友應該做的。我們全都應該這麼做。

在哲學家中伏爾泰很不尋常地富有。他年輕時曾經參與一個商業集團，他們發現國家彩券有個漏洞，就買下了好幾千張必贏的彩票。他做了明智的投資，變得更加富有。這讓他有財務上的自由，可以支持他所相信的理想。拔除不義之事是他的熱情所在。他最讓人印象深刻的一個行動就是捍衛尚．卡拉斯的名譽。卡拉斯被酷刑折磨後處死，因為當局推測他殺了親生兒子。卡拉斯顯然是無辜的，他的兒子是自殺而死，但法庭忽視了證據。伏爾泰設法平反判決。這無法安慰可憐的卡拉斯，他一直為自己的清白無辜抗議到最後一刻，但至少他的「同謀」都被釋放了。對伏爾泰來說，這就是實際上的「耕耘我們的花園」。

看伏爾泰怎麼嘲弄潘葛羅斯「證明」神已經創造出所有可能世界中最好的世界，你可能會以為《憨第德》的作者是無神論者。事實上，雖然他沒時間理會有組織的宗教，卻是個自然神論者，相信神的存在與設計有看得見的證據，在自然界裡就找得到。對他來說，只要抬頭看著夜空就能證明有個創造者存在。休謨卻高度懷疑這種觀點，他批評它背後的推論，而且攻擊火力強大，破壞性十足。

· 17 ·

# 想像中的鐘錶匠

休謨

請望向鏡子，看看你的一隻眼睛。眼睛裡有個水晶體聚焦影像，有個虹膜去適應變動的光線，外面還有眼皮和眼睫毛保護它。如果你看向另一邊，眼球會在眼窩裡轉動。眼睛也相當美麗。這是怎麼發生的呢？這可是很驚人的工程學。一隻眼睛怎麼可能光憑機率變成這模樣？

想像你跌跌撞撞穿過一座荒島上的叢林，來到一片空地。你手腳並用爬到一座宮殿廢墟，那裡有圍牆、樓梯、通道跟庭院。你知道這些東西不可能是機緣巧合出現在那。一定有誰，哪個建築師，設計了這個地方。如果你出門散步的時候找到一隻錶，可以相當合理地假設這隻錶是一位鐘錶匠做的，而且它的設計有一個目的：報時。那些微小的齒輪並不是自己嵌入定位，必定有人徹底思考過。以上所有例子似乎都指出同一件事：看起來像設計過的物體，幾乎肯定有設計過。

好，再想想自然界吧：樹木、花朵、哺乳動物、鳥類、爬蟲類、昆蟲甚至變形蟲。這些東西看起來也像設計過。生物比任何鐘錶更複雜得多。哺乳動物有複雜的神經系統，有血液泵輸送血液到全身，而且通常很能適應自己居住的地方。所以理所當然，必定有個強大又聰明得難以置信的造物者創造出牠們。那位造物者——一個神聖的鐘錶匠，或神聖的建築師，必定就是神。或者說，在休謨寫作的十八世紀時，許多人就是這麼想的，到現在也還有些人這麼想。

## ・精細完美的事物不可能憑空出現

這個證明神存在的論證，通常稱為「設計論證」。十七與十八世紀的科學新發現似乎支持這個說法。顯微鏡揭露了小池塘裡的動物群有多複雜；望遠鏡顯示出太陽系和銀河的美麗與規律。它們似乎也都是以極其精確的方式組合形成的。

蘇格蘭哲學家休謨[1]並不信服此論點。他受到洛克的影響，開始思考我們如何獲得知識，還有我們透過理性能學習到的限度在哪裡，休謨想藉此解釋人類的本性與我們在宇宙間的地位。他就像洛克一樣相信知識是來自觀察與經驗，所以在證明神存在的論證之中，他特別感興趣的一個論證是從觀察世界的某些面向開始。

他相信設計論證是建立在糟糕的邏輯之上。他的《人類悟性研究》（一七四八年出版）有一章就在攻擊用設計論證來證明神存在的觀點。除了這一章以外，還

1 大衛・休謨（David Hume），1711年－1776年，蘇格蘭哲學家。

有另一章說相信奇蹟目睹報告是絕不合理的，這兩章都極富爭議。在當時的英國，要公開反對宗教信仰是很困難的。這表示休謨雖然是他那個時代數一數二的偉大思想家，卻永遠得不到大學的教職。朋友們給他好心的建議，叫他還活著的時候別出版他的《自然宗教對話錄》（一七七九年出版），他在這本書中發出最強力的攻擊，批評那些常見的證明神存在的論證。

設計論證證明了神存在嗎？休謨認為沒有。該論證並沒有提供足夠證據能總結說有個全能、全知、全善者必定存在。休謨大半的哲學聚焦於我們能用來支持自己信念的那種證據。設計論證奠基於世界看似經過設計這件事，但休謨說，就因為看起來像經過設計，並不表示真的如此，也不表示神就是設計者。他怎麼達到此結論的？

## ・光靠猜測還不夠

想像一組舊式的天秤，有一部分被一片帷幕遮住，你只能看到天秤的一個秤盤。如果你看到秤盤往上升，你只能得知另一個秤盤上的東西無論是什麼，都比你看得到的這一邊還重。你不知道那東西是什麼顏色、是方塊還是圓球狀、上面有沒有寫字、外面是否覆蓋著毛皮或別的東西。

在這個例子裡，我們要思考的是因與果。對於這個問題：「是什麼讓秤盤往上升？」你只能回答：「原因是另一個秤盤裡有某個東西比較重。」你看到了後果，即秤盤往上升，然後試著從中想出原因是什麼。但少了進一步的證據，你能說的實在不多。即使你說了，也只是猜測；如果我們不能看到帷幕後面有什麼，就無從分辨你猜測的真假。休謨認為我們跟周遭世界之間也處於類似的狀況。我們看到各種原因產生的結果，也試著為這些結果想出最有可能的解釋。我們看到的一隻人眼、一棵樹、一座山，很可能像是設計過的。但我們能說出什麼跟這些東西可能的設計者有關的事嗎？眼睛看起來就像有個眼睛創造者曾經設想過如何讓它效果最好，然而我們無法由此推論出這個眼睛創造者就是神。為什麼呢？

本書前面提過，神通常被認為有三種特別能力：全能、全知、全善。就算你達成「某個很有力量的東西創造出人眼」的結論，你卻沒有證據能說那東西是全能的。眼睛還是有一些缺點，例如，許多人要戴眼鏡才能好好看東西。一個全能、全知又全善的神會把眼睛設計成這樣嗎？也許會。不過我們看著那隻眼睛所得到的證據並沒有顯示出這一點。它頂多只表示有某個具有高度智能、很有能力又很有技巧的東西創造出眼睛。

不過就算是最後這個解釋，難道就是真的嗎？其實還有其他可能的解釋。我們怎麼知道眼睛並不是由一群能力比較低的神祇攜手合作設計出來的？大多數複雜的機械是由一組人共同設計組合出來；眼睛與其他自然物體假如真的是被組合出來，為何不是以同樣方式完成？大多數建築物是由一組建築工人建成，眼睛的建造為何應該有所不同？或許眼睛是由一位非常年老的神做出來的，那個神現在已經死了。也可能是個非常年輕的神，祂還在學習怎麼設計完美的眼睛。因為我們沒有證據能決定這些不同故事哪個是對的，光看著眼睛，一個顯然經過設計的物體，我們無法確定它肯定是由單一的、還活著的神，用傳統上認定的那些能力造成的。休謨相信，如果在這個範圍內你開始想清楚了，你能做出的結論就非常有限。

## ・奇蹟？誤會一場？

休謨攻擊的另一個論證是奇蹟論證。大多數宗教聲稱奇蹟曾經發生。人死後復活，在水面上行走，或者意想不到地從病中康復，還有雕像說話或哭泣，諸如此類的奇蹟清單非常長。但只因為有人這樣說，我們就該相信奇蹟真的發生過嗎？休謨不這麼想。他對奇蹟論證深表懷疑。如果有人告訴你一位男子奇蹟般從病中康復，那是什麼意思？

休謨認為，一件事情要稱得上是奇蹟，就必須違背某條自然律。自然律是類似「沒有人會死而復生」、「雕像不會說話」或者「沒有人能在水上行走」等等事情。有大量的證據證明這些自然律成立。那麼如果有人見證了奇蹟，我們為什麼不該相信他們呢？想想如果你朋友現在衝進房間裡，告訴你她看到有人行走於水上，你會說什麼？

休謨的觀點是，對於正在發生的事情，總是有更加可信的解釋。如果你朋友告訴你她看到有人行走於水上，她在騙你或者她自己被誤導了的可能性，總是高於她見證了一個真正奇蹟的可能性。我們知道有些人很樂於成為關注的焦點，而且準備好說謊以達成目標。這就是一種可能的解釋。而我們也知道，我們全都可能產生誤會，隨時都會看走眼、聽錯話。我們通常想要相信自己看到不尋常的事物，所以會迴避更明顯的解釋。就算是現在，也還有許多人每次在深夜聽到不明聲響就驟下結論，認為是超自然活動（鬼魂到處移動）的結果，而不是因為更加普遍的原因（像是老鼠或者風吹）。

休謨雖然經常批評宗教信徒使用的論證，卻從來沒有公開宣稱他是無神論者。他可能不是。他公開發表的觀點可以解讀成，他宣稱宇宙萬物背後有一個神聖的智能存在，只是對於這個神聖智能的性質，我們永遠說不出什麼道理。我們的理性能力在合乎邏輯地運用時，並無法告訴我們太多這個「神」必定具備哪些性質。一些哲學家因此認為他是不可知論者。

但到了晚年，他可能是無神論者，儘管他在走到那一步之前就停下來了。一七七六年夏天，在他垂死之際，朋友們到愛丁堡來看他，他明白地說不打算在臨終前皈依。差得遠了。身為基督徒的包斯威爾[2]問他是否擔憂死後會發生什麼事。休謨說，他完全不指望自己會死後猶存。他給了一個伊比鳩魯可能會說的答覆（見本書第四章）：他擔憂自己死後光陰的程度，不會超過他擔憂自己出生之

2 詹姆斯·包斯威爾（James Boswell），英國傳記作家。

· 18 ·

# 生而自由

## 盧梭

一七六六年，一個穿著毛皮長外套、小個子黑眼睛的男人去倫敦的竺利巷劇院看戲。劇院裡大多數的人，包括國王喬治三世在內，對這位外國賓客的興趣比對舞台上演的戲還大。他似乎不太自在，而且擔心著關在房間裡的德國狼犬。這個男人並不享受在劇院裡得到的那種注目，要是他在哪裡的鄉野間獨自尋找野花，心情會快樂得多。不過他是誰呢？為什麼每個人都覺得他如此吸引人？答案是，他是偉大的瑞士思想家與作家盧梭[1]。盧梭在休謨的邀請下抵達倫敦，是文學與哲學上的一大事件，引起的騷動和人潮就跟今天的知名巨星差不多。

那時天主教會已經查禁了他的好幾本書，因為書中包含不符傳統的宗教觀點。盧梭相信真正的宗教是發自內心，不需要宗教儀式。不過惹出最多麻煩的是他的政治觀點。

「**人生而自由，卻無處不在枷鎖之中。**」他在他的著作《社會契約論》開頭這麼宣稱。毫不意外，革命家都把這些話牢記在心。就像法國大革命時期的許多領袖一樣，羅伯斯庇爾[2]覺得這些話很有啟發性。革命家想打破富人加諸窮人身上的眾多枷鎖；有些窮人在挨餓，他們富有的主子卻在享受奢華的生活。就像盧梭，那些革命家對富人在窮人幾乎難以餬口時的所作所為相當憤怒。他們想要擁

---

1 尚－賈克・盧梭（Jean-Jacques Rousseau），1712年－1778年，瑞士哲學家。

2 馬辛米連・羅伯斯庇爾（Maximilien François Marie Isidore de Robespierre），1758年－1794年，法國大革命時期政治家。曾強烈要求處死路易十六，後又施行恐怖統治將無數政犯送上斷頭台。

有跟平等與博愛並行的真正自由。然而在大革命前十年就已經死去的盧梭，不太可能贊同羅伯斯庇爾在「恐怖統治」中送敵人上斷頭台。砍掉對手的腦袋在精神上還比較貼近馬基維利的思想，而不是盧梭的。

## ・高貴野蠻人

根據盧梭的說法，人類天性是善良的。如果放任我們自行其是，住在森林裡，不會製造出太多問題。但要是把我們從這個自然狀態中帶走，擺在城市裡，狀況就開始不對勁了。我們會變得執迷於企圖宰制他人、爭取他人的注意。這種競爭式的人生對精神有可怕的影響，而金錢的發明更讓一切雪上加霜。嫉妒與貪婪是在城市裡共同居住的結果。盧梭認為在野外，個別的「高貴野蠻人」會是健康強壯的，而且最重要的是他們很自由，但文明似乎腐化了人類。雖然如此，他很樂觀地認為會找到一個比較好的辦法來組織社會，讓個人發展良好、感到滿足，也讓每個人和諧共處，一同為共同的利益努力。

他在《社會契約論》（一七六二年出版）裡分派給自己的問題是找出一個讓人共同生活的辦法，能讓每個人都盡可能像處於社會之外那樣自由，同時還遵循國家的法律。這聽起來是不可能達成的；或許是真的不可能。如果成為社會一份子的代價是某種奴役，這樣的代價就太高了。自由與社會強加的嚴格規則互不相容，因為規則會像枷鎖一樣制止了某些種類的行動。不過盧梭相信還有出路。他的解決方案是以他的「公共意志」觀念為基礎。

公共意志就是任何對整體社群、整個國家來說最好的事物。人民選擇群聚在一起尋求保護的時候，他們似乎就必須放棄許多自由；霍布斯與洛克兩人都是這麼想的。很難看出你怎麼能夠保持真正的自由，同時又生活在一大群人之間；必定要有法律讓每個人安分守己，還要有一些對行為的限制。不過盧梭相信，生活在國家裡的個人能同時保有自由又遵守國家法律，而且，自由與遵從不是對立的概念，而是可以結合在一起。

盧梭所謂的「公共意志」很容易遭到誤解。這裡有個現代的例子。如果你問大多數人，他們都不願付高額的稅。事實上政府得到勝選的一個普遍做法就是：承諾降低稅率。如果要選擇繳交百分之二十或百分之五收入當稅捐，大多數人都會選低一點的數字。但這不叫做公共意志。每個人被問起時都想要的東西，是盧梭所稱的「全體意志」。相對地，公共意志是人們應該想要的，是對整體社群來說有好處的，而不只是社會中每個個體徇私時會想要的。要弄清楚公共意志，我們就必須忽略自己的利益，聚焦於整個社會的好處，也就是共同利益。如果我們認同許多服務（像是道路維護）必須從稅收裡支付費用，那麼對於整個社群來說，有足夠高的稅收來這麼做就是好的。要是稅收太低，社會就會遭殃。於是這就形成了公共意志：稅收應該高到足以提供良好的服務。

## ・整體先於個體

人們聚集成社會的時候，就像組成了一種人格。每個個體都是更大的整體的一部分。盧梭覺得他們要在社會中真正維持自由的方式，就是遵守跟公共意志一致的法律。這些法律是由一位聰明的立法者創立，他的工作就是創制出一個法律系統，幫助個人遵守公共意志，而不是犧牲別人來追求自己的利益。盧梭認為，真正的自由是成為一個群體的一部分，做對這個社群有利的事情。你的願望應該要跟所有人的最佳利益不謀而合，法律應該幫助你避免自私的行為。

但如果你反對那些對你的城邦最好的事情呢？身為個體的你也許會不想順從公共意志。盧梭在此有個解答，但不是大多數人愛聽的。他有個著名且相當讓人擔憂的宣言：如果有人不承認遵從法律是對社群有利的，那個人就應該「被迫自由」。他的論點是，任何人要是反對那些對他們的社會真正有利的事情，儘管他們可能自認為是自由選擇，但除非他們順從規範、與公共意志趨於一致，他們不會真正自由。你怎麼能逼一個人自由呢？如果我逼你讀完這本書剩下的部分，那就不是你做的自由選擇了，對吧？逼迫別人做某件事，當然跟讓他們自由決定是相反的。

然而盧梭以為那不是矛盾。不能認同正確事情的人，在被迫順從的時候會變得更自由。既然社會中的每一人都是這個大群體的一部分，我們就必須承認自己該做的就是遵循公共意志，而不是做自私的個人選擇。根據這個觀點，我們只有在遵循公共意志的時候才真正自由，就算我們是被迫為之。這就是盧梭的信念，不過許多後來的思想家，包括彌爾（見第二十四章）都曾經論證，政治自由應該是個人有盡可能自己做決定的自由。的確，盧梭的觀念裡有一種隱約的邪惡：他曾經抱怨人類飽受枷鎖束縛，卻提倡逼迫一個人做一件事是另一種自由。

盧梭花了大半生在不同國家旅行以逃避迫害。康德卻正好相反，幾乎沒離開過故鄉，但他的思維影響力仍遍及整個歐洲。

# ・ 19 ・

## 玫瑰色的現實

### 康德（一）

如果你戴著染上玫瑰色的眼鏡，這副眼鏡會把你每個面向的視覺經驗都染上顏色。你可能會忘記正戴著眼鏡，但眼鏡還是會影響你看見的景象。康德[1]相信，我們到處走動企圖了解這個世界的時候，全都透過這過濾型的眼鏡。這個濾光鏡就是人類的心靈，決定了我們如何經驗一切，並且把某種形狀加諸經驗之上。我們知覺到的一切都發生在時間與空間中，而每個變化都有個原因。但根據康德的說法，那不是因為現實追根究柢來說是這樣，而是出自我們心靈的貢獻。我們並沒有直接接觸世界實際狀態的管道。我們也不可能把眼鏡拔掉，看到事物真正的模樣。我們跟這個濾光鏡黏在一起了，少了它我們就完全無法體驗到任何事物。我們能做的就只有承認它在那裡，了解它如何影響我們的經驗、如何替經驗染上顏色。

康德的心靈非常井然有序又合乎邏輯，生活亦然。他從來沒有結婚，強制自己每一天的生活都遵循嚴格的模式。為了不浪費任何時間，他要僕人在早上五點鐘叫醒他。接著他會喝些茶，抽個菸斗，開始工作。他極端多產，寫下許多書與論文。然後他會到大學去授課。下午四點三十分他會出門去散步，每天正好都是這個時間，沿著他家附近的街道來回走，不多不少走八趟。事實上，他家鄉康寧

1 伊曼紐爾．康德（Immanuel Kant），1724年－1804年，德國哲學家。

斯堡（現在的加里寧格勒）的鄉親習慣用他的散步時間來替自己的錶對時。

就像大多數哲學家一樣，他花費許多時間去理解我們與現實之間的關係。那在本質上就是形上學探討的問題，而康德正是史上最偉大的形上學家之一。他特別有興趣的是思想的極限，也就是我們所能知道與了解的事物的極限。這是他的一種執迷。在他最著名的作品《純粹理性批判》（一七八一年出版），他探索了這些極限，一直推到可理解範圍的邊界上。這本書實在很不容易讀，康德自己形容它既枯燥又晦澀。他是對的。鮮少有人能自稱完全了解這本書，其中的許多推論都很複雜，充滿了專門術語。讀這本書的感覺可能就像掙扎著穿過濃密的文字樹叢，卻不太清楚你要往哪去，只能瞥見一點日光。不過，它的核心論證其實足夠清楚。

## ・我們看得見現象，卻看不見本體

現實像什麼？康德認為，我們永遠不可能對事物的狀態有個完整的圖像。

我們永遠無法直接得知他所謂的「本體界」裡的任何東西，無論藏在表象背後的本體界到底是什麼。他的用詞有時候是單數的本體界（noumenon），有時則是複數的本體界（noumena），但他其實不該這樣用（黑格爾也指出這一點，見第二十二章），因為我們不可能知道現實是一個還是許多個。嚴格說來，我們對於這個本體界根本一無所知；至少我們無法直接取得關於本體界的訊息。然而我們可以知道現象界的事，也就是我們周遭的世界，我們透過感官體驗到的世界。看看窗外，你能看到的是現象界，譬如草、車子、天空、建築物等等。你看不見本體界，只看得見現象界，不過本體界就潛伏在我們所有的經驗背後，它存在於更深的層次上。

而某些存在的面向總是會超出我們的理解掌握之外。不過，透過嚴密的思考，我們可以得到的理解會比純粹透過科學途徑得到的更多。在《純粹理性批判》中，康德要自己回答的主要問題如下：「如何可能有綜合先驗知識？」你可能無法理解這個問題是什麼，需要稍微解釋一下，但主要概念並不如乍看那樣困難。要解釋的第一個詞是「綜合」。在康德的哲學語言中，「綜合」是「分析」的對立面。「分析」的意思是根據定義而來的事實。比方說，「所有男人都是男性」這句話，根據定義就是真的。你不用觀察任何真實的男性就知道這句話是真的。你不必檢查他們是否都是男的，因為他們如果不是男的就不是男人了。不需要實際調查便能得到結論，你坐在扶手椅裡就能輕鬆想出來。「男人」這個詞就內建了男性的概念。這就跟「所有哺乳類都為幼仔哺乳」一樣。你不必檢查任何哺乳類，就知道牠們全都為自己的幼仔哺乳，因為這是哺乳類定義的一部分。如果你發現有個生物似乎是哺乳類，卻沒有為自己的幼仔哺乳，你就會知道牠不是哺乳類。分析性陳述只跟定義有關，所以不會給我們任何新知。這種陳述透露了我們透過定義一個字詞而認定的事情。

## ・通往現實的道路：可確定的經驗知識

相對來說，綜合性知識就需要經驗或觀察，會給我們新的資訊，那新的資訊並不包含在我們使用的字詞或符號的定義中。舉例來說，我們只有嘗過檸檬（或者其他有嘗過檸檬經驗的人告訴我們）以後，才會知道它嘗起來苦澀。檸檬嘗起來苦澀並不是根據定義的真實陳述，而是我們透過經驗才學到的東西。再舉一個綜合性陳述為例：「所有貓咪都有尾巴。」這種事情你必須去探究才能發現到底是不是真的。在你實際看過以前，你不可能知道。事實上有些貓咪本來就沒有尾巴，好比說曼島貓。而有些貓咪失去了尾巴，卻還是貓。所以是不是所有貓咪都有尾巴的問題，就是關於世界的事實問題，而不是貓的定義問題。它跟「所有貓咪都是哺乳動物」這種根據定義而來的分析性陳述是很不一樣的。

那麼綜合先驗知識又是什麼意思呢？前文提過，先驗知識是獨立於經驗之外的知識。我們知道它先於經驗，也就是說，在我們經驗之前就已經知道。十七、十八世紀的知識界曾爭論過我們是否對任何一樣事物有先驗知識。粗略來說，經驗論者（像是洛克）認為我們沒有，理性論者（像是笛卡兒）則認為我們有。當洛克宣稱沒有先天觀念，說孩童的心靈就像一塊空白石板時，他的意思就等於說沒有先驗知識這種東西。如此聽起來，「先驗」和「分析性」好像是同義（對於一些哲學家來說，這兩個詞彙是可以互換的）。但對康德來說並非如此。他認為揭露世界真相、卻又是以獨立於經驗之外的方法得到的知識，是有可能存在的。這就是為什麼他引進了特殊的「綜合先驗知識」來描述它。康德自己用過的綜合先驗知識的例子是數學等式七加五等於十二。雖然許多哲學家思考過這種真理是分析性的，跟數學符號定義有關，康德卻相信我們能夠先驗地知道七加五等於十二（不必靠著檢視事物或觀察世界來確定此事）。然而同時，這件事也給我們新的知識：它是一個綜合性陳述。

如果康德是對的，那就是個突破。在他之前，哲學家探究現實的本質時，只單純地把現實當成一種無法觸及、卻讓我們產生經驗的東西。困難在於我們要怎麼樣才能取得通往現實的管道，來對現實做出任何一點不只是猜測的有意義描述。康德的偉大洞見是，我們能夠透過理性的力量，發現自己心靈的特徵沾染了我們所有的經驗。我們可以坐在一張扶手椅裡用力思考，然後發現那些必然為真、卻不是根據定義為真的現實：它們可能包含豐富的訊息。他相信透過邏輯論證，他所做的事情等於證明了世界在我們眼中必然看似粉紅色。他不只證明了我們戴著玫瑰色眼鏡，還有了新的發現，看出這些眼鏡替所有經驗添上的各種粉紅色調。

康德研究完我們與現實之間是什麼關係的基本議題，做出了讓他自己滿意的答覆以後，就將注意力轉向了道德哲學。

# · 20 ·

# 要是每個人都這麼做呢？

## 康德（二）

有人來敲門。站在你面前的是一個年輕男子，他顯然需要幫助。他受了傷，還在流血。你把他帶進屋裡，給他幫助，讓他舒服安全地待著，還打電話叫救護車。這顯然是正確的作為。但如果你幫他只是因為你感到難過，根據康德的說法，那根本不算是道德的行為。你的同情心跟你行為的道德性無關。那是你性格的一部分，跟是非對錯毫無關係。康德認為，道德不只關乎你做了什麼，還關乎你為什麼這麼做。做正確事情的人不只是因為他們的感覺而行動：行動背後的決定必須以理性為基礎，讓理性告訴你你的責任是什麼，無論那時你剛好有什麼感覺。

## ‧行善是理性行為，無關感覺

康德認為情緒不該涉入道德。我們有沒有情緒，大半是運氣的問題。有些人有憐憫的感覺、有同理心，其他人卻感覺不到。有些人很苛刻，很難慷慨，其他人卻在施捨財產幫助別人時得到很大的喜悅。但行善應該是任何理性的人應當能透過自身選擇而做到的事。對康德來說，如果幫助那個年輕人是因為你知道這是你的責任，那麼就是一個道德的行為。做這件事是正確的，因為每個人在同樣的處境下都該這麼做。

你可能覺得這聽起來怪怪的。你可能會想，替那名年輕男子感到難過並因此提供幫助的人行為很有道德，而擁有那種情緒也許表示你是比較好的人。亞里斯多德也會有此種想法（見第二章）。不過康德很確定他的看法。如果你只因為感覺而做一件事，那根本不算是善良的行為。想像一個人在看到那名年輕人的時候覺得噁心厭惡，卻還是出於責任感而幫忙。在康德眼中，顯然這個人比由於憐憫而行動的人更有道德。那是因為這個人本來會被厭惡的情緒推到完全相反的方向，不願提供幫助，結果卻顯然出於責任感而伸出援手行動。

想想好撒馬利亞人的聖經寓言。好撒馬利亞人幫助一個遇到困難的人，他看見那個人躺在路邊，其他人個個都只從旁邊走過。是什麼讓好撒馬利亞人「好」？如果撒馬利亞人幫助那個需要幫忙的人是因為他認為如此能讓自己上天堂，在康德眼中根本不算是道德的行為，而是把那個人當成獲取其他事物的途徑，一種達到目的的手段。如果他幫助倒在路旁的人只因為憐憫，就像我們先前已經看到的，在康德眼中沒什麼好。但如果因為他承認這是他的責任才幫忙，也是在這種處境下的任何人都該做的正確事情，那麼康德就會同意好撒馬利亞人在道德上是善的。

康德對意圖的看法比他對情緒的看法容易讓人接受。大多數人在評價別人的時候是根據他企圖做到的，而不只根據他成功做到的事。想想看，要是一個衝出來想制止幼兒跑到馬路上的爸爸意外把你撞倒，你會有什麼感覺？比較一下，如果是別人蓄意以撞倒你取樂，你又會有什麼感覺？那個爸爸沒有打算傷害你，另一個壞蛋卻有。不過，就像下個例子顯示的，有善意並不足以讓你的行為合乎道德。

## ・任何情況都適用才能當作準則

又有人敲門了。你應了門，那是你最要好的朋友，她看起來臉色蒼白、憂心忡忡、喘不過氣。她告訴你有人在追她，手上有刀，還想殺了她。你讓她進門了，她就衝上樓去躲藏。一陣子以後，再次有人來敲門。這回是那個可能想殺人的傢伙，眼神看起來很瘋狂。他要知道你朋友在哪。她在屋子裡嗎？她躲在碗櫃裡嗎？

她到底在哪？其實她在樓上，但你撒了個謊。你說她跑到公園去了。你把那可能想殺人的傢伙打發到錯誤的地點去找她，你當然做得對。你或許救了你朋友一命。那一定是合乎道德的行為，不是嗎？

在康德看來可不是這樣。康德認為你永遠不該撒謊，在任何狀況下都不可以。甚至連保護你朋友逃過殺人犯的時候都不行。撒謊永遠是不道德的，是錯誤的。沒有例外，沒有藉口。那是因為你不可能把「在說謊對自己有利的時候，每個人永遠都該撒謊」變成一種普遍原則。在剛剛的例子中，如果你撒謊了，而且朋友在你不知情的狀況下去了公園，你就有幫助殺人犯的罪過。在某種程度上，你朋友死掉會是你的錯。

這是康德自己舉的例子，顯示出他的觀點有多極端。說實話或任何道德責任都是沒有例外的。我們全都有絕對的責任要說實話，或者照他的說法，有個「定言令式」要這麼做。令式就是一道命令。定言令式是跟假言令式相對的。假言令式的形式是：「如果你想要X，就做Y。」例如：「如果你想避免坐牢，就不要偷竊。」定言令式則不同，它是下命令給你。例如：「不准偷！」這是一道命令，告訴你你的責任是什麼。康德認為道德是一套定言令式系統。無論結果是什麼、情境又是什麼，你的道德責任就是你的道德責任。

康德相信，讓我們成為人類的原因，在於我們跟其他動物不同，能反省自己的選擇。要是無法有意而為，我們就像機器一樣了。去問一個人「你為什麼那樣做？」幾乎永遠都是有意義的。我們不只靠直覺、也以理性為基礎行事。康德對此的說明是：我們依據「準則」行事。準則就是根本的原則，是「你為什麼那樣做？」這個問題的答案。

康德相信你行為底下的準則才是真正重要的。他論證說，你應該只按照可以普遍化的準則行事。而一件事情要能夠普遍化，就必須適用於每個人。這正表示你應該只做任何人在跟你相同處境下去做也都合理的行為。

你永遠都要問：「要是每個人都這麼做呢？」別把自己當特例。康德認為，這實際上便是說你不該利用別人，應該以尊重的態度對待，並且承認他們的自主性，還有他們身為個人有能力為自己做出理性推論後的決定。這種對個人尊嚴與價值的尊重是現代人權理論的核心。它是康德對道德哲學的偉大貢獻。

## ・善不是手段

透過一個例子來理解會比較容易。想像你擁有一家水果店，客人向你買水果時，你總是很有禮貌，找給他們正確數目的零錢。或許你這麼做是因為你認為有助於生意，客人比較樂意回到你的店鋪消費。如果那是你給他們正確找零的唯一理由，那就是一種利用：利用他們來得到你想要的。康德相信，因為你無法合理地建議每個人都用這種方式對待別人，它就不是合乎道德的行為模式。但如果你給他們正確找零是因為承認自己有責任不去欺騙別人，那麼就是合乎道德的行為，因為它奠基於「別欺騙別人」這個準則，是我們在每種狀況下都適用的準則。欺騙別人是一種利用別人得到自己所欲之物的方式，不能當成道德原則。如果每個人都欺騙別人，所有信任都會瓦解，沒有人會相信其他人說的話。

再舉康德用過的另一個例子：想像你完全破產了，銀行不借你任何錢，你也沒有任何可賣的東西，如果你不付房租，你就會露宿街頭。你想出一個解決方案，就是去一個朋友那裡，要求借點錢，並且答應要還他，雖然你知道你做不到。這是你的最後手段，你想不出別的方式付房租了。可以那樣做嗎？康德論證說，跟

· 21 ·

# 實際的福祐

邊沁

如果你拜訪倫敦大學學院，你可能會訝異地發現邊沁[1]，或者該說是他剩下的遺體，裝在一個玻璃箱裡。他往外注視著你，他最愛的步行拐杖（他暱稱為斑斑）橫放在膝蓋上。他的頭是用蠟做的，真的頭做成木乃伊存放在木頭盒子裡，不過以前也曾經展示過。邊沁認為以他實際的身體——他稱為自成塑像——做紀念，會比立一尊雕像來得好。所以他在一八三二年去世時留下了如何處理遺體的指示。這個點子一直沒有真正造成流行，不過列寧的遺體也是經過防腐處理以後，放在特殊陵寢內供人參觀。

邊沁的另外一些點子就比較實際。就拿他設計的圓形敞視監獄來說好了。他形容那是「一個把惡棍碾磨到誠實的機器」：監獄中央設置監視塔，讓少數幾名守衛可以監視大量囚犯，囚犯卻不知道是否有人在監視他們。這個設計原則是他眾多社會改革計畫之一，一些現代監獄、甚至好幾間圖書館都有沿用。

不過比圓形敞視監獄更重要也更具影響力的，是邊沁提出的我們應該如何生活的理論。它稱為效用主義或最大幸福原則，概念是：我們該做的正確之事，就是任何會製造出最大幸福的事。雖然邊沁不是第一個建議這種道德方法論的人（舉例來說，蘇格蘭哲學家哈奇森[2]便曾主張過），但他是第一個詳盡解釋這種方法

1 傑若米・邊沁（Jeremy Bentham），1748年－1832年，英國哲學家、法學家。

2 法蘭西斯・哈奇森（Francis Hurcheson），1694年－1746年，愛爾蘭哲學家，蘇格蘭啟蒙運動奠基者。

要怎麼實踐的人。他想改革英格蘭法律，好讓法律更有可能帶來更大的幸福。

但幸福是什麼？不同的人對這個詞似乎有不同的用法。邊沁有個直接了當的回答。幸福完全關乎你的感覺。幸福就是有樂沒有苦。樂趣越多，或者樂多於苦，就表示幸福越大。對他來說，人類非常簡單。痛苦與快樂是自然界給我們的絕佳生活指導：我們尋求愉悅的經驗、避免痛苦的經驗。樂趣是唯一本身就很好的東西。我們想要的其他一切，都是因為相信它們能夠帶來樂趣，或者幫助我們避免痛苦。所以如果你想要一球冰淇淋，並不只是因為擁有冰淇淋是好的。冰淇淋的重要性在於吃它可能會帶給你樂趣。同樣地，你設法避免自焚，因為那樣會很痛。

## ・幸福數數兒

你要怎麼樣衡量幸福？請想一段你真正幸福的時光。感覺如何？你能替幸福分級數嗎？舉例來說，如果有十級，那是第七級或第八級？我可以回憶起一趟搭水上計程車離開威尼斯的旅程，司機加速駛離，夕陽照耀著美麗的景致，潟湖濺起的水霧噴到我臉上，妻兒興奮地大笑，那時的幸福感覺像是九點五級，也可能甚至十級。像這樣替幸福的經驗打分數並不是荒唐的事。邊沁肯定相信幸福可以量化，不同的幸福可以放在同一個天秤上用相同單位來比較。

邊沁將他計算幸福的方法命名為幸福計算法。首先，弄清楚一個行為會帶來多少樂趣，考慮那種樂趣會延續多久、感覺有多強烈、有多大可能會帶來進一步的樂趣。然後扣除你的行為可能會導致的任何單位的痛苦，剩下來的就是這個行為的幸福價值。邊沁稱之為「效用」，意思就是有用的性質，因為一項行為帶來的快樂越多，對社會就越有用。正因如此，這個理論才稱為效用主義。比較一項行為的效用分數與其他可能行為的效用分數，然後選擇帶來最大幸福的那一個，很簡單吧。

然而快樂的來源呢？從讀詩之類讓人向上提升的活動中獲得樂趣，當然會比玩幼稚的遊戲或吃冰淇淋來得好，不是嗎？但根據邊沁的說法並非如此。樂趣是怎麼產生的完全不重要。如果做白日夢跟看一齣莎劇帶給你同樣多的幸福，兩者就一樣好。他以「大頭釘」（他那個時代流行的一種無腦遊戲）與詩歌為例。他認為只有產生的樂趣總量才算數，所以如果樂趣一樣多，兩個活動的價值就是相同的；也就是說，如果樂趣一樣多，那麼從效用主義的觀點來看，玩「大頭釘」與讀詩在道德上一樣好。

### ‧只要結果大家歡喜，說謊也無所謂

我在第二十章提過，康德主張我們有道德責任，譬如在所有情境下都適用的「永不撒謊」。然而邊沁相信，我們所作所為的是非對錯，到頭來是看可能的結果，而結果會依據當時情境而有所不同。撒謊不必然永遠是錯的，有時候可能是正確的做法。如果總和來看，說謊造成的幸福大於不說謊，那麼當時說謊就是符合道德的正確行為。如果一個朋友問你一條新的牛仔褲好不好看，遵循康德原則就必須說實話，就算朋友不想聽那種話。遵循效用主義則會弄清楚，說個溫和的謊言會不會導致比較大的幸福；如果會，說謊就是正確的反應。

在十八世紀末主張效用主義是很激進的事。一個理由是，在計算幸福的時候，每個人的幸福都是等值的；用邊沁的話來說：「每個人都算一單位，沒有人多於

一。」沒有人得到特殊待遇。一個貴族的樂趣不會比一個貧窮工人的樂趣更重要。但當時的社會階序可不是這樣。貴族對於土地如何利用有非常大的影響力，而且許多貴族都擁有世襲權利可以占據上議院席位，決定英格蘭的法律。毫不意外，邊沁強調的平等讓某些人覺得不怎麼舒坦。或許對當時來說更激進的是，他相信動物的福祉也很重要。因為動物能夠感覺樂與苦，所以動物在他的幸福方程式中也有一席之地。動物不能思考或說話並不重要（雖然對康德來說這有差別）；從邊沁的觀點來看，思考與說話能力並不是道德包含範圍必須考慮的特徵。真正重要的是動物感覺痛苦與愉悅的能力。這是許多現代動物福利運動的基礎，譬如彼得．辛格的觀點就是如此（見第四十章）。

對邊沁來說不幸的是，他的方法因為強調對所有可能的樂趣來源一視同仁而受到毀滅性的批評。批評者包括了諾齊克[3]，他曾發明下面這個思想實驗。想像一個虛擬實境機器，會給你活著的幻覺，卻移除了所有承受痛苦磨難的風險。一旦你被置入這個機器，一陣子以後你就會忘記自己不再是直接體驗現實，完全被幻覺迷惑。這個機器為你產生所有類型的快樂經驗。它就像夢境製造機，比方說，讓你想像在世界盃踢進決勝負的一球，或者享受夢幻假期。它可以模擬出任何帶

3 羅伯特．諾齊克（Robert Nozick），1938年－2002年，美國哲學家。最知名的著作為《無政府、國家與烏托邦》。

給你最大樂趣的事物。既然這個機器顯然能把你的幸福心理狀態最大化，按照邊沁的分析，你就應該一輩子都待在這個機器裡。這是讓樂趣最多、痛苦最少的最佳途徑。但雖然許多人很享受偶爾試驗一下這個機器，卻會拒絕一輩子置身其中，因為他們覺得世界上有其他事情的價值高過一連串幸福的心理狀態。這似乎表示邊沁「所有帶來等量樂趣的東西都一樣寶貴」的論證是錯的，也顯示不是每個人都只受到趨吉避凶的欲望所驅策。他的傑出弟子與批評者彌爾也曾花了很大心力探討這個主題。

邊沁深深沉浸在他的時代之中，急著為周遭的社會問題找出解決方案。黑格爾卻聲稱他能夠退一步綜觀人類歷史全局，這個歷史是根據一個模式而展開的，只有最令人佩服的智者才能掌握。

· 22 ·

# 米涅娃的貓頭鷹

## 黑格爾

「米涅娃的貓頭鷹只在黃昏飛翔。」這是黑格爾[1]的觀點。但這是什麼意思呢？實際上，「這是什麼意思？」是黑格爾作品的讀者常常會自問的問題。他的作品難讀得要命，有一部分是因為他像康德，大多數時候用非常抽象的語言表達意思，通常用些自己發明的詞彙。沒有一個人能全部了解，或許連黑格爾自己都不能。前述關於貓頭鷹的話算是比較容易解讀的了。他用這句話來告訴我們，人類歷史過程中的智慧與了悟只會在晚期才完整地出現，那時我們回顧已經發生的事情，就像一個人在夜幕降臨時回顧一天之中發生的種種事件。

米涅娃是羅馬的智慧女神，人們通常將她跟聰明的貓頭鷹聯想在一起。關於黑格爾究竟算是聰明還是愚蠢，爭議不少，不過影響力肯定不小。他的「歷史會以特定方式展開」的觀點啟發了馬克思（見第二十七章），所以肯定改變了後來發生的事情，因為馬克思的觀念在二十世紀早期激發了歐洲的革命。不過黑格爾也惹惱了許多哲學家。有些哲學家甚至把他的作品當成負面範本，顯示運用術語不精確的風險。羅素（見第三十一章）很鄙視他的理論，艾耶爾（見第三十二章）宣稱他絕大多數的句子什麼意思都沒表達。對艾耶爾來說，黑格爾作品中包含的訊息不會比無意義的打油詩更豐富，吸引力又低得多。其他人，包括彼得・辛格

1 格奧爾格・威廉・弗里德里希・黑格爾（Georg Wilhelm Friedrich Hegel），1770年－1831年，德國哲學家。

（見第四十章）在內，則在他的思想中發現偉大的深度，並且主張他的作品晦澀是因為他掙扎著要表達的觀念太有原創性，很難掌握。

黑格爾在一七七〇年生於如今屬於德國的斯圖加特，在法國大革命時期長大，當時法國王室被推翻，建立了新的共和政體。他稱之為「榮耀的黎明」，跟他的同學們種下一棵樹來紀念這些事件。這個政治上動盪不安、變化激烈的時期，影響了他後來的人生。他實際體悟到：基本假設可以推翻，看起來永遠固定不變的事情則不必然如此。這導致了一種見解：我們具備的觀念直接與我們生活的時期有關，要是抽離了歷史脈絡，就不可能完全了解這些觀念。黑格爾相信歷史在他生存的時代已經達到一個關鍵時期。從個人層面上來說，他從沒沒無聞發展到名聞遐邇。他職業生涯一開始是當一個富裕家庭的私人教師，然後晉升成一間學校的校長，最後被任命為柏林大學教授。他的一些書原本是講課筆記，用來幫助學生了解他的哲學。去世時，他已經是當時最知名也最受人仰慕的哲學家。他的作品如此難讀，得到這種成就算是非常驚人。有一群充滿熱忱的學生盡心盡力理解、討論他教學的內容，並且導出其中的政治及形上學含義。

## ・滾動中的歷史

黑格爾深受康德的形上學影響（見第十九章），後來卻拒絕康德「本體現實藏在現象界背後」的觀點。他不接受藏在知覺之後的本體導致我們產生經驗，反而做出結論說，形塑現實的心靈就是現實，背後什麼也沒有。不過這並不表示現實維持在固定的狀態。對黑格爾來說，一切都處於變動，而那變動採取的形式是逐漸增加的自覺；我們所生活的時代，把我們的自覺狀態固定下來。

請把整個歷史想成一長條捲起來的紙張。直到紙卷全部展開為止，我們不可能真正了解裡面有什麼。在全部攤開以前，我們也不可能知道最後一截上面寫著什麼。紙卷展開的方式有種潛在的結構。對黑格爾來說，現實持續朝著自我理解這個目標邁進。歷史從各方面來說都不是隨機的，而是往某處去。我們回顧歷史的時候，會看出它非得這樣展開不可。黑格爾這種想法讓第一次聽見的人會覺得很古怪。我想大多數的人都無法認同他的觀點。歷史對我們大多數人來說比較接近亨利・福特描述的狀態：「歷史就是該死的事情一個接一個來。」它是一連串發生且毫無整體計畫的事件。我們能研究歷史，發現事件可能的成因，並且對將來可能發生的事情做出某種預測。但這並不表示歷史有黑格爾設想的那種無可避免的模式，也不表示歷史正在往某個地方去，當然也絕不表示它會逐漸產生自覺。

黑格爾的歷史研究並非獨立於他的哲學之外，而是哲學的一部分——最主要的部分。對他來說，歷史與哲學是彼此交織在一起的，而一切都是朝著某個更好的方向而去。這不是個原創的觀點。宗教通常就把歷史解釋成朝向某個終點，好比說耶穌基督的二度降臨。黑格爾是基督徒，不過他的說法偏離正統甚遠。他認為，最終結果並不是基督二度降臨；歷史有個終極目標，以前從來沒有人真正理解到，那是精神透過理性的行進，漸進而不可避免地達到自覺。

但「精神」是什麼？精神變得自覺是什麼意思？精神在德文裡是Geist。學者們對於這個字的精確意義眾說紛紜，有些人喜歡翻譯成「心靈」。黑格爾指的似乎是一種全人類共享的單一心靈。黑格爾是唯心論者，他認為這個「精神」或「心靈」是基礎，會在物質世界裡找到它的表達方式（相對地，唯物論者相信物質才是最基本的）。黑格爾從個人自由逐漸增加的角度，重述了世界史。我們從個人自由出發，中間經過一些人自由、其他人不自由的狀態，再朝向一個人人都置身於政治自由國家、可以貢獻社會的世界。

## ・衝突，綜合，反覆出現

他認為我們在思想上進步的一個方式，是透過一個觀念與其對立觀念的衝突。黑格爾相信，我們遵循他的辯證法就能更接近真理。首先，有人提出一個觀念，先是一個正題。然後正題碰到了矛盾面，一個挑戰它的觀點，也就是反題。這兩個立場產生了衝突，最後更複雜的第三立場會浮現，把兩方面都考慮進去，成了兩者的合題。出現合題以後，通常會讓整個過程再度啟動。新的合題變成了一個正題，然後又有一個反題被提出來反對它。這一切持續進行下去，直到精神徹底地自我理解。

結果歷史主要的推動力，就是精神理解到自身的自由。黑格爾追蹤這個進展，從古中國與印度生活在暴君統治下、不知道自己有自由的人開始，直到他自己的時代為止。對於那些「東方人」來說，只有極端強大的統治者才體驗得到自由；一般凡夫俗子對自由毫無意識。古波斯人對自由的體會就稍微多一些。他們被希臘人打敗，這也帶來進步。希臘人跟後來的羅馬人比他們的前人更有自由的意識，然而他們還是蓄奴，這顯示出他們並沒有完全體會到人類整體應該是自由的，不只是有錢有勢的人才自由。黑格爾在他的作品《精神現象學》（一八〇七年出版）的一個著名段落裡討論了主與奴之間的爭鬥。主人想要被承認是一個有自覺的個人，他需要奴隸才能達到這一點，卻沒有體認到奴隸也應該得到認可。這種不平等的關係導致一場鬥爭，要爭個你死我活；但這樣做是搬石頭砸自己的腳。到最後，主人與奴隸都承認他們需要彼此，也需要尊重彼此的自由。

可是黑格爾聲稱，基督教體系會激發出一種對精神價值的覺察，只有在此體系中，真正的自由才會變得有可能。在他自己的時代，歷史領悟到自身的目標。精神開始察覺到自己的自由，社會則是理性原則命令之下的結果。這對他來說非常重要：真正的自由只會從一個適當組織的社會中產生。許多黑格爾作品的讀者擔憂，在黑格爾想像的理想社會裡，如果有人無法融入強大組織者的社會觀，他們會在自由的名義之下被迫接受這種「理性」的生活方式。用盧梭那種矛盾語言來說，他們會「被迫自由」（見第十八章）。

到頭來所有歷史的終極結果，是黑格爾自己察覺到現實的結構。在一本著作的最後幾頁裡，他似乎認為，他已經達到這個境界。那就是精神初次理解自己的時間點。然後，黑格爾就像柏拉圖（見第一章）一般給哲學家一個特殊的位置。

柏拉圖相信哲學家國王應該統治理想國。相對地，黑格爾認為哲學家能達成一種特殊的自我理解，同時也是對現實與所有歷史的理解，是另一種體現德爾菲阿波羅神廟銘文「認識你自己」的方法。他相信，領悟到人類事件的終極展開模式的是哲學家。辯證法已經製造出一種漸進的覺醒，而他們對其中的過程心領神會。在哲學家眼前，一切突然間都清清楚楚，人類整體歷史的重點變得很明顯。精神進入了一個自我理解的新階段。總之，他的理論是這麼說的。

黑格爾仰慕者眾多，不過不包括叔本華。叔本華認為黑格爾根本不是真正的哲學家，因為他缺乏叔本華切入哲學主題時的那種嚴肅與認真。叔本華將黑格爾的哲學視為胡說八道。黑格爾則形容叔本華「惹人厭又無知」。

· 23 ·

# 現實的一瞥

叔本華

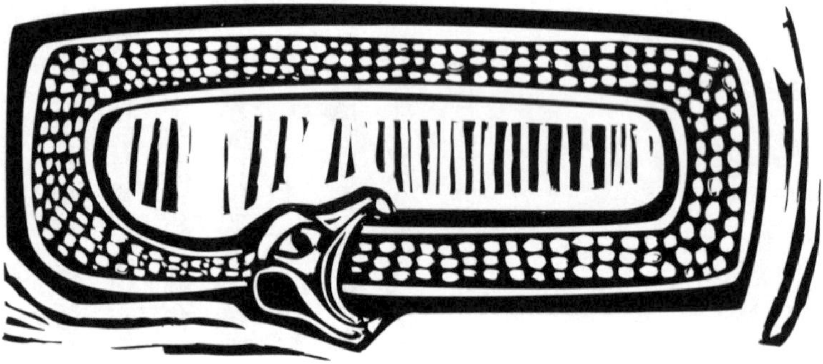

生命是痛苦的，沒出生比較好。鮮少有人看法這麼悲觀，但叔本華[1]就是這麼悲觀。根據他的說法，我們全都被一個絕望的循環捉住了：想要東西，也得到了，然後又想要更多。這種循環不會停止，至死方休。似乎每次我們一得到想要的東西，接著就開始想要別的。你可能會以為變成百萬富翁就滿足了，不過你不會滿足太久。你會想要你沒有的東西。人類就像這個樣子，永遠不會滿足，永遠不會停止渴望擁有更多。這一切讓人非常沮喪。

但叔本華的哲學並不完全如以上所述那樣陰暗。他認為只要能體認現實的真正本質，我們的行為就會有很大的不同，就可能避免人類處境中一些比較灰暗的特色。他傳達的訊息與佛陀的說法非常相近。佛陀教導我們，所有生命都有苦難，但從深刻的層次上來說，沒有所謂的「我」這個東西：如果我們體悟到這一點，就能達到開悟。這種相似並非巧合。跟大多數西方哲學家不同，叔本華曾經大量閱讀東方哲學著作。他桌上甚至有一尊佛陀塑像，就擺在康德像旁邊，那是啟發他的眾多偉人之一。

跟佛陀與康德不同的是，叔本華是個陰鬱、難相處又虛榮的男人。他在柏林得到講師教職的時候，堅信自己天縱英明，因此堅持他的講座時間應該跟黑格爾

1 亞瑟・叔本華（Arthur Schopenhauer），1788年－1860年，德國哲學家。

的課同時。這不能說是他最棒的想法，因為黑格爾在學生之間非常受歡迎。結果幾乎沒有人來上叔本華的課，黑格爾開的課卻大爆滿。叔本華後來離開了大學，餘生都靠著他繼承到的遺產過活。

他最重要的作品《意志與表象的世界》在一八一八年首度出版，但他持續增修多年，在一八四四年推出一個篇幅長上許多的版本。此著作的核心概念相當簡單：現實有兩個面向，它同時作為意志、也作為表象而存在。意志是盲目的驅動力，所有存在的事物之中都有意志。它是讓植物與動物生長的能量，也是導致磁鐵指向北方、讓水晶以化合物形態成長的力量。它出現在自然界每個部分。現實另一個面向，即作為表象的世界，則是我們體驗到的世界。

作為表象的世界是我們在自己心中建構的現實。那就是康德所謂的「現象界」。看看你的周圍，也許你透過一扇窗戶看見樹木、人群或汽車，或者你看見面前的這本書；也許你聽見鳥叫、車聲，或者另一個房間裡的噪音。你正在透過感官體驗的，就是作為表象的世界。那是你理解一切的方式，而且這種方式需要用到你的意識。你的心靈組織你的經驗，以便理解這一切。這個表象的世界就是我們生活的世界。不過，叔本華就像康德一樣，相信有一個更深層的現實存在你的經驗背後，存在表面上的世界之後。康德稱之為本體界，他認為我們沒有直接通往本體界的管道。對叔本華來說，意志的世界有點像康德的本體界，但兩者有很重要的差異。

## ・在行動中體驗到的另一個世界

康德著作中談到複數的本體，他認為現實可能有一個以上的不同部分。我們並不清楚康德怎麼知道，畢竟他曾聲稱我們無法觸及本體界。相對地，叔本華認為我們不能假定本體界的現實能夠被分割，因為那種分割需要空間與時間；康德卻相信空間與時間是個別心靈賦予的，而非存在於現實本身之中。叔本華把作為意志的世界描述成一個單獨、統一、沒有方向性的力量，藏在一切存在之物的背後。我們能透過自己的行動、還有透過對藝術的體驗，一瞥這個作為意志的世界。

請先別再讀這本書，把你的手放到頭上。發生了什麼事？在注視你的人只會看到你抬起手放在自己頭上。如果你望著鏡子，你也能看到那幅景象。這是現象界的一個狀態描述，是作為表象的世界的描述。然而根據叔本華的說法，我們移動自己身體的經驗有某種內在層面，我們感受那經驗的方式不同於我們對整體現象界的經驗。我們不是直接體驗到意志的世界，但在我們刻意去行動、決意展開身體動作的時候，確實非常接近那個世界。那就是為什麼他會選擇「意志」一詞來描述現實，儘管植物不會刻意生長，化學反應也不會刻意發生，這股意志能量只有在人類身上才會跟刻意的行為有任何一點關聯。所以了解「意志」這個詞彙不同於一般的用法是很重要的。

當有人「決意」讓一件事情發生的時候，他心中有個目標，想要做出一件事。不過，叔本華描述「意志的世界」這個層面的現實時，他的意思完全不是這樣。「意志」沒有目的，或者就像他偶爾會採用的說法，是「盲目的」。它不打算導致任何特定結果，也沒有任何重點或目標。它只是一波巨大的能量，處於每一種自然現象之中，也存在我們有意識的行動之中。叔本華認為沒有神給這股能量方向。意志本身也不是神。人類的處境是，我們就像所有的現實一樣，是這股無意義力量的一部分。

## ・音樂是意志的複本

然而有些經驗能讓生命變得可以忍受。這些經驗大多來自藝術。藝術提供一個靜止點，讓我們能夠暫時逃離紛爭與欲望的無盡循環。音樂是達成這個目的最佳的藝術形式。根據叔本華的說法，那是因為音樂是意志本身的複本。他覺得這解釋了音樂為何能如此深刻地打動我們。如果你在合適的心境下聆聽一首貝多芬交響曲，不只情緒會得到刺激，還瞥見了真正的現實。

沒有其他哲學家給藝術這樣核心的地位，難怪叔本華深受各種創意人士歡迎。作曲家與音樂家愛他，因為他相信音樂是所有藝術之中最重要的。他的思想也吸引了包括托爾斯泰、普魯斯特、湯瑪斯・曼、哈代在內的小說家。詩人狄倫・湯瑪斯甚至寫了一首詩〈通過綠色導火索催開花朵的力量〉，靈感來自叔本華對作為意志的世界所做的描述。

叔本華不只描述現實以及我們與現實的關係，對於我們應該怎麼活，他也有看法。一旦你領悟到我們全是一股能量驅力的一部分，個別的人只存在於「作為表象的世界」的層次，這種領悟應該就會改變你的作為。對叔本華來說，傷害別人就是一種自我傷害。這是所有道德的基礎。如果我殺了你，連結我們全部人的生命驅力就被我毀掉了一部分。當有人傷害另一個人，那就像一條蛇咬了自己的尾巴，卻不知道牠是把利牙嵌進自己的血肉裡。所以叔本華傳授的基本道德是出於同情的道德。當你有了正確的理解，你就知道其他人並非處於我之外。我在乎你身上發生的事，因為或多或少，你跟我們一樣全是意志的世界的一部分。

這就是叔本華本人公開的道德立場。然而問題在於，他自己對其他人是否有關心到這種程度。有一次，一個老女人在他門外閒聊，讓他很生氣，氣得把她推下樓梯。她受了傷，法庭勒令叔本華在她有生之年都要定期付賠償金。她幾年後過世時，叔本華沒有表現出任何同情，反而在她的死亡證書上寫下這樣的打油詩：「老婦死，負擔去」（原為拉丁文 obit anus, abit onus）。

還有另一種比較極端的方法能處理欲望的循環。為了避免被那一切抓住，人可以完全避開世界，變成禁欲苦行者，過著貞潔貧窮的生活。他覺得這會是應付存在的理想方法。這也是許多東方宗教選擇的解決方式。然而叔本華從來沒有變成禁欲苦行者，儘管他年老以後就退出了社交生活。他大半輩子都很喜歡有人陪伴，有些風流韻事，也吃得很好。這讓人不禁想說他是個偽君子。的確，他作品中悲觀主義的傾向如此濃厚，讓一些讀者認為他如果誠心這麼想，早該自殺了。

偉大的維多利亞時代哲學家彌爾卻相反，是個樂觀主義者。他主張嚴密的思想與討論能激發社會變化，帶來一個更好的世界，一個有更多人生活得快樂滿足的世界。

· 24 ·

# 成長的空間

彌爾

## ・天才養成的教育實驗

請想像你童年的大多數時光都跟其他小孩保持距離。你沒有花時間玩耍，反而在一位家教的教導下學習希臘語和代數，要不然就是在跟很聰明的大人談話。結果你會變成什麼樣子？

發生在彌爾[1]身上的事情大致上就是這樣。他本身就是個教育學實驗。他父親詹姆斯・彌爾是邊沁的朋友，同意洛克的觀點：幼童的心靈是空的，就像一塊空白石板。老彌爾相信如果你用正確的方式帶大一個孩子，他或她就很有機會長成天才。所以他在家裡教兒子，確保兒子沒有浪費任何時間跟同年的小孩玩耍，或者從他們身上學到壞習慣。不過老彌爾的教育並不是單純的惡補、死背等等做法。他是用蘇格拉底式的交叉詰問，鼓勵兒子探索正在學習的觀念，而不只是鸚鵡學舌似地重複。

成果很驚人。彌爾三歲學古希臘文。六歲，他已經寫了一本羅馬史。七歲他就能理解柏拉圖對話錄的原文。八歲，他開始學拉丁文。到了十二歲，他已通盤了解歷史、經濟學和政治學，能解開複雜的數學方程式，對科學抱著熱烈且成熟

1 約翰・彌爾（John Stuart Mill），1806年–1873年，英國哲學家。

的興趣。他是個神童。他二十來歲的時候，已經是那個時代的頂尖思想家，但他從未真正克服那個奇怪童年的影響，終身都很孤獨，又有點疏離。

雖然如此，他確實變成某種天才，所以他父親的實驗成功了。他變成對抗不義的社會運動家、早期的女性主義者（他曾經因為鼓吹節育而被捕）、政治家、記者，也是偉大的哲學家，或許還是十九世紀最偉大的哲學家。

彌爾被教養成一個效用主義者，邊沁給他的影響極為龐大。彌爾家族每年夏天都在邊沁位於薩里鄉間的房子度假。彌爾雖然同意邊沁說的「正確行為永遠是造成最大幸福的行為」，但他後來卻開始認為這位老師把樂趣當成幸福的說法太粗淺了。所以年輕的彌爾發展了自己版本的效用主義，在高等與低等的樂趣之間做了區隔。

## ・幸福的三六九等

要是能夠選擇，當一隻滿足的豬在泥濘的豬圈裡翻滾、大嚼著食槽裡的食物比較好，還是當個悲傷的人類比較好？彌爾認為，很顯然我們會選擇當悲傷的人類，而不是快樂的豬。但這跟邊沁的想法有所牴觸。邊沁說過，真正作數的就是愉快的經驗，而經驗是怎麼製造出來的不重要。彌爾卻不同意，他認為你可能有不同種類的樂趣，其中一些比別的好得多：低等的樂趣無論多大都不可能比得上最少量的高等樂趣。低層次的樂趣，譬如一隻動物能夠體驗的那些，永遠無法挑戰高等的知性樂趣，譬如讀一本書或聽一場演奏會。彌爾更進一步說，當一個不滿足的蘇格拉底勝過當一個滿足的傻瓜。那是因為哲學家蘇格拉底能從思維中得到更多細緻的樂趣，遠勝過傻瓜所可能企及的。

為什麼要相信彌爾？他的答案是，無論是誰，高等與低等樂趣都體驗過以後，都會比較喜歡高等的樂趣。豬不能閱讀或聆聽古典樂，所以在這方面豬的意見不算數。但如果豬能閱讀，牠也會喜歡閱讀勝過在泥巴裡打滾。

彌爾便是這麼想的。不過有些人已經指出，他預設每個人都跟他一樣偏愛閱讀勝過滾泥巴。更糟的是，彌爾引進了快樂有不同份量、也有不同性質（高等和低等）的概念，讓我們非常難看出該怎麼計算行事。邊沁的方法有一個最大的好處是很簡潔，各種樂趣與痛苦都是以同一種單位來衡量。彌爾卻沒有提出，高等與低等樂趣各自不同的衡量單位要怎麼換算。

彌爾把效用主義思維運用在人生的所有面向上。他認為人類有點像是樹木。如果你不給一棵樹足夠空間生長，就會變得扭曲而虛弱，但要是擺在正確的位置，樹就能夠發揮潛能，長得很高又開枝散葉。同樣地，人類在正確環境之中會繁榮興盛，不僅為個人創造出善果，社會整體的幸福也最大化。他在一八五九年出版了一本簡短卻很有啟發性的書來捍衛他的觀點：給每個人各自覺得適當的發展空間，是組織社會的最佳方法。那本書稱為《論自由》，到現在還有許多讀者。

## ・不傷害別人之外的大自由

父權主義（paternalism，此字來自拉丁文 pater，父親之意）是指為了一個人好而逼迫他做什麼事（不過也可稱之為母權主義，英文是 maternalism，來自拉丁文 mater，表示母親）。如果你小時候曾經被父母逼著吃你碗裡的綠色蔬菜，你就會很了解這個概念。吃綠色蔬菜並不會對別人有任何好處，但父母還是叫你吃，這是為你好。彌爾認為針對小孩的父權主義沒問題：小孩子必須受保護，不讓他們傷到自己，要以各種方式控制他們的行為。但在文明社會裡針對成人的父權主義就不能接受了。唯一可以合理化這種行徑的狀況是，那個成人的行為有傷害別人的風險，或者他有嚴重精神問題的時候。

彌爾要傳達的訊息很簡單，稱為傷害原則。每個成年人都應該有自由照著他或她喜歡的方式生活，只要在過程中沒有人受到傷害就好。在維多利亞時期的英國，這個觀念很有挑戰性，許多人認為政府的一部分角色就是把良善的道德價值強加於人。彌爾並不同意。他認為個人有較大的自由決定自己的行為舉止，才會帶來較大的幸福。而且彌爾擔心的不只是政府告訴人民怎麼做。他痛恨他所謂的「多數暴政」：社會壓力透過這種方式運作，阻止許多人去做他們想做的事或變成他們想成為的樣子。

別人可能自以為知道什麼會讓你幸福，但他們通常是錯的。你比他們更清楚你真正想過什麼樣的人生。而且彌爾主張，就算你不知道，讓你去犯錯，會比強逼你順從某種生活方式來得好。這跟他的效用主義是一致的，因為他相信增加個人自由會創造出的整體幸福比限制個人自由帶來的幸福多。

根據彌爾的看法，天才（他自己也是）比起其他人更需要自由才能夠發展。他們的舉止鮮少符合社會期待，常常看起來很怪異。如果你箝制他們的發展，我們全會變成輸家，因為他們可能會失去對社會做出別種貢獻的機會。所以，如果你想達到盡可能最大的幸福，就要讓人去過自己的生活，不要干涉；當然，除非他們的行為有傷害別人的風險。就算你發現他們在做什麼冒犯人的事情，也不是阻止他們過自己生活的好理由。彌爾說得很清楚：冒犯跟傷害不該混為一談。

## ・自我毀滅的合理化

彌爾這套做法有一些相當令人憂心的後果。想像一個沒有家累的男人，決定每天晚上都要喝兩瓶伏特加。我們很容易就看出他想把自己喝死。法律不該介入來阻止他嗎？彌爾說，不，除非他有傷害別人的風險。你可以跟他爭辯，說他正在自我毀滅。但沒有人應該逼迫他改變，政府也不該阻止他喝掉自己的人生。那是他的自由選擇。如果他有一個幼童要照顧的話，那就不是他的自由選擇了，但既然沒有人要靠他過活，他可以做他喜歡做的事情。

除了生活方式的自由，彌爾認為人人都有隨心所欲思考與發言的自由也很重要。他覺得公開討論對社會有極大的益處，因為那會迫使人努力思考他們相信什麼。如果不讓自己的觀點接受看法相反的人挑戰，那麼你到最後可能「死守教條」：它們成了你其實無法捍衛的偏見。他為言論自由辯護，並且以不引發暴力為限。他相信記者應該有自由寫一篇宣稱「玉米商人是害窮人挨餓的罪人」的社論，但如果記者站在玉米商人家的台階上，在一群憤怒暴民面前揮舞著寫上這些字的牌子，就會變成暴力的導火線，所以彌爾的傷害原則禁止這種行為。

許多人不同意彌爾的看法。有些人認為他對自由的看法太集中於一個觀點：真正重要的是個人對自己的人生有什麼感受（舉例來說，此觀點遠比盧梭的自由概念更偏向個人主義，見第十八章）。另有人認為他是在敞開通往放縱社會的大門，放縱到永遠毀壞道德。與他同時代的史蒂芬[2]就主張大多數人應該被逼著擠進一個狹窄的隧道，不要給他們太多如何生活的選擇，因為太多人在得到自由後，最終會做出自我毀滅的糟糕選擇。

在彌爾寫作當時，他在一個領域的看法顯得特別激進：女性主義觀點。在

2 詹姆斯・菲茲詹姆斯・史蒂芬（James Fitzjames Stephen），1829年－1894年，英國法律哲學家。

十九世紀的英格蘭，已婚女性不容許擁有財產，也沒有多少法律上的保護能對抗丈夫的暴力與強姦。彌爾在《婦女的屈從》（一八六九年出版）書中主張兩性應該在法律與社會上更普遍得到平等對待。他周遭有些人聲稱女性天生就不如男性，他則反問他們怎麼可能知道這一點，畢竟婦女頻繁地受到阻礙，無法發揮完整潛力：她們被阻隔在高等教育與許多職業之外。最重要的是，他想要讓兩性擁有更多的平等。他主張婚姻應該是兩個對等之人的友誼。他自己跟寡婦哈莉葉・泰勒夫人在他們人生非常晚期才締結的婚姻就是如此，也帶給兩人很大的幸福。她第一任丈夫還活著的時候，他們就一直是密友（甚至可能是情人），但彌爾一直等到一八五一年才成為她的第二任丈夫。她幫助他寫下《論自由》與《婦女的屈從》，遺憾的是，她在兩本書付梓之前就過世了。

《論自由》首度出版是在一八五九年。同一年，另一本更加重要的書也出現了：達爾文的《物種起源》。

· 25 ·

# 沒有智慧的設計

達爾文

## ・跌落凡間的人類

「你祖母或祖父那一邊跟猴子有親戚關係嗎？」一八六〇年，韋伯佛斯主教問了赫胥黎[1]這個沒禮貌的問題，那時他們在牛津自然史博物館進行著一場著名辯論。赫胥黎正在捍衛達爾文[2]的觀點，韋伯佛斯這個問題的本意在於侮辱兼搞笑，結果卻弄巧成拙。赫胥黎低聲道：「神啊，謝謝祢把他送到我手中。」然後回答說，他寧願跟猿類有親戚關係，也不願跟一個取笑科學觀念、阻礙辯論的人類有關係。他原本也能這樣解釋：父系與母系都是由類似猴子的祖先傳承下來的，不過不是最近的事，而是過去的某一刻。那就是達爾文的主張：每個人的家族樹裡面都有這種祖先。

幾乎從達爾文的著作《物種起源》在一八五九年出版的那一刻開始，這個觀點就造成巨大的騷動。從此之後，再也不可能把人類想成跟動物界其餘成員完全不同的生物了。人類不再與眾不同，就像任何動物一樣是自然界的一份子。這對你來說可能並不意外，但大多數維多利亞時代的人卻覺得很吃驚。

你可能認為只要花幾分鐘跟黑猩猩或大猩猩相處，甚至可能只要以嚴格的眼

---

1 湯瑪斯・赫胥黎（Thomas Henry Huxley），1825 年－ 1895 年，英國生物學家。以捍衛達爾文的演化論聞名。

2 查爾斯・達爾文（Charles Robert Darwin），1809 年－ 1882 年，英國生物學家。

光注視鏡中人，就會辨識出我們跟猿類很近似。但在達爾文的時代，每個人或多或少都假定人類跟其他動物非常不同，我們跟牠們有共同的遠祖是非常荒謬的想法。許多人認為達爾文的想法很瘋狂，是惡魔的傑作。有些基督徒緊抓著信念不放，相信聖經《創世記》是真實故事，講述了神如何在忙碌的六天之內創造出所有動物和植物。神設計了這個世界跟其中的一切事物，每樣事物隨時都有其適當的位置。這些基督徒相信，每一種動植物從創世之後就一直是同一個樣子。就算到了今天，還是有些人拒絕相信把我們變成現在模樣的是演化這個過程。

達爾文是生物學家與地質學家，並非哲學家。所以你可能會納悶為什麼這本書裡有一章在談他。理由是，他的天擇演化論及其現代版本對於哲學家（還有科學家）如何思考人類有深刻的影響。這個理論是人類史上最有影響力的科學理論。當代哲學家丹尼特[3]曾經稱之為「有史以來由個人提出的最佳單一觀念」。演化論解釋了人類和周遭的動植物如何變成現在的樣子，還有牠們如何全都在持續變化。

這個科學理論的結果之一，就是現在比過去更容易相信沒有神存在。動物學家道金斯[4]曾經寫下：「我無法想像，在一八五九年達爾文的《物種起源》出版

3 丹尼爾・丹尼特（Daniel Dennett），生於1942年，美國哲學家、認知科學家。

4 理查・道金斯（Richard Dawkins），生於1941年，英國演化生物學家、科普作家。

前的任何時代要怎麼做個無神論者。」當然，在一八五九年以前也有無神論者，第十七章的主角休謨也許就是，但那之後的無神論者更多。你不必身為無神論者才能相信演化屬實：許多宗教信徒也是達爾文理論支持者。但他們不可能一邊支持達爾文理論，又一邊相信神創造出所有物種並讓它們有了現在的樣貌。

## ・小獵犬號帶來的驚世駭俗

達爾文年輕時搭著小獵犬號造訪南美洲、非洲與澳洲，一共五年。那是他人生中的大冒險；對任何人來說也都會是大冒險。在那之前，他並不是特別有前途的學生，沒有人料得到他會對人類思想做出如此讓人佩服的貢獻。他在學校並不是天才學生，父親確信他會變成敗家子，會令家族蒙羞，因為他花了太多時間打獵、射老鼠。他年輕時開始在愛丁堡受訓成為醫生，但結果並不成功，他就轉換跑道，到劍橋大學學習神學，打算擔任英國國教牧師。閒暇時，他是很熱忱的博物學家，蒐集植物與昆蟲，但沒有跡象顯示他將是史上最偉大的生物學家。在許多方面，他有點迷惘。他並不知道他真正想做什麼。但小獵犬號的旅程改變了他。

這趟旅程是環球科學探索之旅，有一部分工作是要替這艘船造訪之地的海岸線製圖。雖然達爾文缺乏正式資格證書，他還是成為官方的植物學家，而他也詳盡觀察了所到之處的岩石、化石與動物。小船很快就塞滿了他搜集到的種種樣本。幸運的是，他把大部分收藏寄回英國存放，準備日後細查。

結果這趟旅程最寶貴的部分是造訪加拉巴哥群島。加拉巴哥是太平洋上的一群火山島，距離南美洲大陸大約五百英里。小獵犬號在一八三五年抵達，那裡有大量有趣的動物可以仔細觀察，包括巨大陸龜和喜愛大海的鬣蜥。當時達爾文沒有馬上看出來，在他發展演化論中占最重要地位的，竟是一類看起來相當平凡的雀鳥。他射下幾隻雀，把牠們寄回家鄉進一步檢查。後來詳細的研究顯示這些雀分屬十三個不同的種，而牠們之間的細微差別大半是在鳥喙上。

達爾文回鄉之後，放棄了當教區牧師的計畫。他旅行期間送回去的化石、植物與死掉的動物，讓他在科學界變得相當有名。他變成全職的博物學家，花了許多年時間發展演化論，同時也變成世界級的藤壺專家：藤壺是長得像帽貝的小動物，攀附在岩石或船殼上。他越思考，就越確信物種是透過自然過程演化，並且是持續地改變，而不是一直保持原樣。最後他提出這個想法：對環境適應良好的植物和動物比較可能有夠長的存活時間來將一些特徵傳給後代。經過漫長時間，這種模式產生了這些看似設計過、可以活在所處環境中的動物與植物。加拉巴哥群島提供了一些演化正在進行的最佳證據。舉例來說，他認為在過去的某一刻，雀鳥找到從大陸抵達這些島嶼的方式，也許是被強風颳過去的。經過好幾千個世代以後，住在各島上的鳥兒逐漸適應了生活的地方。

## ・為了生存而適應，為了適應而改變

並不是所有同物種的小鳥都一模一樣，通常牠們有相當多不同的變化。譬如，一隻鳥的鳥喙可能比另一隻更尖一點。如果這種鳥喙幫助這隻鳥活得比較久，就更可能有後代。比方說，一隻鳥長著很適合吃種子的鳥喙，牠在有很多種子可吃的島嶼上就會生活得很好，但要是主要食物來源是必須敲破的堅果，對牠就不太有利了。限於鳥喙形狀而難以找到食物的鳥，很難活到可以交配、製造後代的年紀，於是那種鳥喙就比較不可能傳承下去。擁有適合得到食物來源的鳥喙，鳥兒就更可能把那項特徵傳承給後代。所以在一個種子豐富的島嶼上，長有適合吃種子鳥喙的鳥類會占上風。過了幾千年，這樣便導致新物種演化出現，牠們跟登陸島上的原始種類已經非常不一樣。鳥喙長錯形狀的鳥兒會逐漸滅絕。在環境不同的島嶼上，就會演化出種類有點不一樣的雀鳥。長期來說，鳥喙會變得越來越適應鳥兒所處的環境。不同島嶼各有不同的環境，所以繁衍興盛的鳥都是最適合那個地方的鳥。

達爾文之前的人，包括他的祖父伊拉斯摩斯．達爾文，都曾經提出動物與植物在演化的看法。而達爾文加上的是天擇適應理論：導致最適者生存、將特徵傳承下去的過程。

這種求生的奮鬥過程解釋了一切。不只是不同的物種在彼此爭鬥，同一物種的成員也在互相競爭。牠們全都在比賽誰更能將自己的特徵傳給下一代。這就是動物和植物的特徵形成的方式，儘管看起來很像由某個有智慧的心靈創造出來的。

演化是無心的過程，背後並沒有意識或神，或者說，至少背後不需要有任何那樣的東西。這個過程是非人格化的，就像一台自動繼續工作的機器。這個過程是盲目的，不知道朝哪去，也不去想製造出的動物和植物。更不在意牠們。我們看到演化的產物時很難不認為那是誰做出的聰明設計，但這樣想是錯的。達爾文的理論提供了一個非常簡單、也很巧妙的解釋，也解釋了為什麼有那麼多種類的生命、有各式物種適應了生活環境。

一八五八年，達爾文還沒有考慮發表他的發現。他正在寫書，想要寫得很精確。但另一個博物學家華萊士[5]寫信給達爾文，描述了他的理論，與演化論非常相似。這個巧合推了達爾文一把，公開自己的看法，首先在倫敦的林奈學會發表，然後在次年一八五九年發表《物種起源》。畢竟達爾文已經奉獻了大半人生發展演化論，並不想讓華萊士捷足先登。這本書立刻就讓他名聞遐邇。

有些讀過《物種起源》的人並不相信演化論。比方說小獵犬號的船長斐茲洛伊[6]，本人是科學家，發明了一種天氣預報系統，他就很虔誠地相信聖經的創造論故事。他很沮喪自己在破壞宗教信念的事情上參了一角，很希望從來沒帶著達爾文上他的船。就算到了今天，還是有創造論者相信《創世記》裡的故事是真的，是對生命起源的忠實敘述。但眾多科學家有強大的信心，認為達爾文的理論解釋了演化的基本過程。有一部分是因為從達爾文的時代開始，就有大量新的觀察支

---

5 亞爾佛德・羅素・華萊士（Alfred Russel Wallace），1823年－1913年，英國博物學家、生物學家。

6 羅伯・菲茲洛伊（Robert FitzRoy），1805年－1865年，英國海軍中將、氣象學專家。曾任英國氣象局局長。

持此理論、還有此理論後來的版本。舉例來說，遺傳學已經詳盡解釋了遺傳如何運作。我們知道基因與染色體，也知道傳遞特定性質所牽涉的化學過程。今日的化石證據遠比達爾文時代的更有說服力。因為這一切理由，天擇演化論遠超過「只是一個假說」：這個假說有非常堅實重要的證據支持著。

達爾文理論也許或多或少摧毀了傳統的設計論證，動搖了許多人的宗教信仰。但對於神存不存在的問題，達爾文自己似乎保持開放的態度。在一封寫給科學家同儕的信裡，他宣稱我們並不真的能夠下定論：「這整個主題對人類智慧來說太過深奧。一隻狗可能也會去思索牛頓的心智。」

還有一位思想家也準備如此思索宗教信仰，然而不像達爾文，他把這個當成畢生著作的核心，他是齊克果。

· 26 ·

# 生命的種種犧牲

齊克果

亞伯拉罕收到一則來自神的訊息。這個訊息真是可怕：他必須犧牲他唯一的兒子，以撒。亞伯拉罕心中天人交戰。他愛兒子，但他也是虔誠的男人，知道必須遵從上帝。在這個舊約聖經《創世記》裡的故事中，亞伯拉罕把兒子帶到一座名叫摩利亞的山頂，把他綁在石頭祭壇上，打算遵照神的指示用一把刀殺死他。然而在最後一刻，神派出一位天使阻止殺戮。亞伯拉罕換了犧牲品，殺了一隻困在附近灌木叢的公羊。神讓亞伯拉罕的兒子活下去，以回報他的忠誠。

這是個暗藏玄機的故事。通常大家認為它的教訓是：「秉持信仰做神要你做的事，一切就會有最好的結果。」重點在於不要懷疑神的話語。但對於丹麥哲學家齊克果[1]來說，事情沒那麼簡單。在著作《恐懼與顫慄》（一八四三年出版）中，他試著想像亞伯拉罕從家裡走到那座山的三天旅程裡，心中必定曾經轉過什麼樣的念頭，那些疑問、恐懼與苦痛，相信自己到那座山就必須殺死以撒了。

齊克果相當古怪，不太能輕易融入他居住的城市哥本哈根。大家常看到這個瘦小的男人白天在城裡到處遊走，與一位同伴談得投入，喜歡把自己看成丹麥的蘇格拉底。他在夜晚寫作，站在書桌前，旁邊圍繞著蠟燭。他有一個怪癖是在一齣戲的中場休息時間出現，讓每個人都以為他出門來享享樂子，但他其實根本沒

1 索倫・齊克果（Søren Kierkegaard），1813年－1855年，丹麥哲學家。

看那齣戲，大半時間都在家裡忙著寫作。身為作家的他寫作非常勤奮，不過他在私生活中曾做過一個痛苦的選擇。

他與年輕女子雷吉娜．歐森墜入情網，曾經向她求婚，她也答應了。但他擔心自己太過陰鬱、信仰太虔誠而無法跟人結婚。或許他將會人如其名，他的姓氏「齊克果」在丹麥文中的意思就是「墳場」。他寫信給雷吉娜，告訴她不能娶她，也退還了訂婚戒指。他的決定讓自己非常難受，此後有許多夜晚都在床上哭泣。想當然，她也傷心欲絕，懇求他回頭。齊克果卻拒絕了。他之後大多數的作品都是關於選擇怎麼過生活，還有知道你的決定是正確的有多困難，這可不是巧合。

## ・奉獻一切的信仰與孤獨

做決定這件事就嵌在他最著名的作品標題上：《或此或彼》。這本書讓讀者在享樂與追逐美的生活以及奠基於傳統道德規範的生活兩者之間做選擇，這也是美學與道德之間的選擇。但在他的作品中有個一直反覆回歸的主題，即對神的信仰。亞伯拉罕的故事正是這個主題的核心。對齊克果來說，信仰神並不是一個簡單的決定，需要的是一種跳躍，跳進黑暗中；這個接納信仰的決定甚至可能牴觸你應該有何作為的傳統觀念。

如果亞伯拉罕放手殺了兒子，他就做了一件道德錯誤的事。父親有照顧兒子的基本責任，絕對不該把兒子綁在祭壇上、在宗教儀式中割斷他的喉嚨。神要求亞伯拉罕做的，則是要他忽視道德，做出信仰的一躍。聖經將亞伯拉罕描繪得令人景仰，因為他無視於一般正常意義下的是非觀念，準備要犧牲以撒。但他難道不會犯下一個恐怖的錯誤嗎？如果這個訊息其實不是來自神呢？它可能是個幻象；或許亞伯拉罕發瘋，出現幻聽。他怎麼可能確定呢？如果他事先知道神不會貫徹祂的命令，這件事情就容易了。但在他舉刀準備讓自己的兒子血濺五步時，他是真的相信他就要殺死親兒了。一如聖經對這一幕的描述，這就是重點。他的信仰太讓人佩服，因為他對神的信任勝過傳統的道德考量。若非如此，就不算是信仰了。信仰包含風險。它也是非理性的：不以理性為基礎。

齊克果相信，有時一般的社會責任（像是父親應該永遠保護兒子）並不是可能存在的最高價值。遵從神的責任高於做一個好父親的責任，也確實高於任何責任。從人性的觀點來看，亞伯拉罕竟然考慮犧牲兒子或許顯得鐵石心腸又不道德，但神的命令就像必定贏得遊戲的王牌，不管神命令了什麼。在這副牌裡沒有點數更高的牌了，所以人類的倫理道德再也無關宏旨。然而拋棄道德、擁護信仰的人做出一個痛苦的選擇，拿一切去冒險，卻不知道可能有什麼益處，也不知道會發生什麼事，更不確定這個訊息是不是真的來自神。選擇這條路的人是完全孤獨的。

齊克果是基督徒，不過他痛恨丹麥教會，也不能接受身邊那些自滿基督徒的行為舉止。對他來說，宗教是一種讓人心痛如絞的選擇，而不是在教堂裡唱歌的愜意藉口。他認為丹麥教會扭曲了基督教，他們並不是真正的基督徒。毫無意外，這種意見讓他不受歡迎。他就像蘇格拉底一樣惹怒了周遭的人，他們不喜歡他的批評與尖銳的言論。

這一章到目前為止，我很有信心地寫出了齊克果相信什麼。但要詮釋他在任何一本著作裡真正的想法卻很不容易。這不是意外。他是個會邀請你自己思考的作家。他鮮少以自己的名字寫文章，反而常用假名。舉例來說，他寫下《恐懼與顫慄》時用的筆名是尤翰尼斯・德・西蘭提歐（Johannes de Silentio），意思就是「沉默的約翰」（John of Silence）。這不是一種避免別人發現他寫了那些書的偽裝。

許多人立刻猜到作者是誰，而齊克果可能就想要這種效果。他虛構出的那些作者更像是不同的角色，以各自的方式注視著這個世界。這是齊克果的技巧之一，用來讓你了解他在討論的立場，鼓勵你在閱讀時也參與其中。你透過那個角色的眼睛看世界，而他們不同的人生態度有什麼樣的價值，就留給你來決定。

讀齊克果的作品幾乎像在讀一本小說，他常常用虛構敘事體來發展觀念。在《或此或彼》（一八四三年出版）裡，這本書的角色編輯維克特．艾爾米塔描述他在一張二手桌子的祕密抽屜裡找到一份手稿。這份手稿就是《或此或彼》的主要內文，據稱是由兩個不同的人所寫，他用A和B來描述這兩人。A是一個追求歡樂的人，他的人生總是在尋求新刺激以逃避無聊。他以日記的形式說了引誘一位年輕女子的故事，讀起來像短篇小說，在某些方面反映了齊克果與雷吉娜的關係。然而這個追求歡樂的人跟齊克果不一樣，他只在意自己的感覺。《或此或彼》的第二部分像是由一位法官寫的，他在為道德的生活方式辯護。第一部分的風格反映了A的興趣，由關於藝術、歌劇與誘惑的短篇組成，就好像作者無法長時間專注於任何一個主題上。第二部分的寫作風格比較冷靜而迂迴，反映了法官對人生的看法。

要是你為被拋棄的可憐女子雷吉娜・歐森感到遺憾，在此順便一提，在她跟齊克果分分合合的艱辛戀情之後，嫁給一位公務員，餘生似乎過得夠幸福了。然而齊克果在分手以後卻未曾結婚，甚至連個女朋友都沒有。她確實是他的真心摯愛，在他短暫又飽受折磨的人生裡，他們失敗的戀情幾乎就是他所有作品的源頭。

就像許多哲學家一樣，齊克果在他短暫的人生中（死時才四十二歲）沒有得到充分的賞識。然而到了二十世紀，他的書在沙特（見第三十三章）這類存在主義者之間很受歡迎。他述及了缺乏既有指導方針時做選擇的苦痛，此觀點特別吸引存在主義者。

對齊克果來說，主觀看法與個人做出抉擇的經驗是最重要的。馬克思卻有更寬廣的看法。就像黑格爾，他有宏大的視野，觀察到歷史如何展開以及背後的驅動力是什麼。跟齊克果不同，他不覺得有望透過宗教獲得任何救贖。

· 27 ·

# 全世界的工人團結起來

## 馬克思

十九世紀，北英格蘭有好幾千家棉花工廠。黑煙從它們高聳的煙囪大量湧出，汙染了街道，讓每樣東西都蒙上一層灰。工廠裡的男、女、兒童工時都很長，通常是一天十四小時，好讓紡織機持續運作。他們不算是奴隸，但薪資極低，工作環境很糟，通常還很危險。如果他們一時分心，可能就會被捲進機器裡，因此肢體殘缺、甚至喪命。這些工廠環境裡的醫療照護只有基本程度。但他們幾乎沒別的選擇：如果不工作，就要挨餓；如果離開，可能找不到另一份工作。在這般環境下工作的人都活不長，而他們的人生中鮮少有稱得上屬於自己的時間。

在此同時，工廠主人卻變得很富有。他們主要關心的是賺取利益。他們擁有資本（能夠用來賺更多錢的本錢），擁有建築物與機器，也多多少少算是擁有那些工人。工人幾乎什麼都沒有，他們能做的就是出賣工作能力，幫工廠主人變得更富有。他們靠著勞力替工廠主人買下的原物料增添了價值。棉花進入工廠時的價值遠低於運出工廠時的價值，但這個附加上去的價值在商品賣出後大多數歸於工廠主人。至於工人，工廠主人付給他們的錢盡可能地少，通常就只夠讓他們活著。工人的工作沒有保障，如果他們製造的任何東西市場需求下降了，他們就會被開除；如果找不到更多餬口的事情做，就只能坐以待斃。德國哲學家馬克思[1]

1 卡爾・馬克思（Karl Marx），1818年－1883年，德國哲學家。

在一八三〇年代開始寫作的時候，工業革命不但在英國、也在整個歐洲造成如此殘酷的情勢，這讓他感到憤怒。

## ‧無產階級站起來

馬克思是平等主義者：他認為人類應該得到平等待遇。可是在資本主義體系裡，有錢人的財富通常來自繼承，而且變得越來越富有；同時，什麼都沒有、只能出賣勞力的人卻過著悲慘的生活，受人剝削。對馬克思來說，整個人類歷史可以被解釋成一種階級鬥爭：富有資產階級（布爾喬亞）與勞動階級（或稱無產階級）之間的鬥爭。這種關係阻止了人類發揮潛能，把工作變成一種痛苦而非令人滿足的活動。

馬克思是一個精力無窮的人，以惹麻煩聞名，大半人生都在貧困中度過，為了逃避迫害從德國遷居巴黎，然後又去了布魯塞爾。他最後以倫敦為家，與七個孩子、妻子珍妮、一位女管家海倫‧德穆特同住。他還跟這位管家生了一個私生子。他的朋友恩格斯[2]幫他找到替報紙撰稿的工作，甚至領養了馬克思的私生子，為他保留顏面。但馬克思一家鮮少有夠用的錢，他們常常生病，飢寒交迫。悲哀的是，他有三個孩子還未成年就夭折了。

到了人生後期，馬克思在大部分日子裡都徒步到倫敦大英博物館的閱覽室去研究和寫作，或者待在蘇活區的擁擠公寓家裡，口述給妻子聽寫，因為他自己的手寫字跡實在太難讀，有時候連他自己都看不懂。在這樣艱困的處境下，他寫出大量的書籍與文章，塞滿了五十餘大本。他的觀念改變了數百萬人的生命，有一些人變得更好，毫無疑問也讓許多人變得更糟。然而在當時，他一定被視為一個怪人，或許有點瘋狂。鮮少有人能夠預見他的影響力將會多麼深遠。

馬克思認同工人。社會的整體結構把他們磨碎了，他們不能如完整的人一般活著。工廠主人很快就理解到，如果將製造過程分解成小型勞務，就能製造出更多商品；此後每個工人都能在生產線上專做一項特定的工作。但這樣讓工人的生活變得更加單調，因為他們被迫一再執行無聊而重複的行動。他們看不到整個製造過程，幾乎賺不到足夠餵飽自己的錢。他們無法發揮創造力，筋疲力竭，變成一台巨大機器裡的齒輪，只為了讓工廠主人變得更富有。就好像他們其實根本不

2 弗里德里希・恩格斯（Friedrich Von Engels），1820年－1895年，德國哲學家。

是人類，只是一個個胃袋，必須填飽了才能讓生產線持續運轉，讓資本家榨取更多利益——馬克思稱之為剩餘價值，是由勞工的勞動創造出來的。

這一切對工人的影響，被馬克思稱為異化。他用這個詞彙指稱許多事物。工人受到異化，或者說，遠離了他們作為人的真正本性。他們製造的物件也異化了他們。工人工作得越辛苦，製造的物件越多，便為資本家帶來越多利益。物件本身似乎在向工人報仇。

## ・人人有飯吃，人人平等

就算這些人的生活很悲慘，完全受制於經濟狀況的安排，他們還是有幾分希望。馬克思相信資本主義最後會自我毀滅，無產階級注定要在一場暴力革命中接管一切。到最後，從這一片血腥屠殺中會浮現出一個更好的世界，人不再受剝削，能夠發揮創造力並彼此合作。每個人都會盡己所能貢獻社會，社會也會反過來供養他們；「人人盡己所能，人人得其所需」便是馬克思的夢想。藉著掌控工廠，工人會確保每個人都有他們需要的足夠物資。沒有人必須挨餓缺衣或無處棲身。這個未來就是共產主義，一個以分享合作利益為基礎的世界。

馬克思研究社會發展方式，相信他的研究揭露了這個未來是無法避免的，並且已經內建於歷史結構之中。不過，我們可以幫忙讓這個進程稍微加快。在馬克思與恩格斯一八四八年合著的《共產黨宣言》裡，他號召全世界的工人聯合起來，推翻資本主義。與盧梭《社會契約論》（見第十八章）的開頭遙相呼應，他倆宣稱工人沒有什麼可失去的，只會擺脫枷鎖而已。

馬克思的歷史觀受到黑格爾（第二十二章）影響。黑格爾宣稱萬物之下有種基礎結構，我們會逐漸進步到一個會以某種方式出現自我意識的世界裡。馬克思吸收了黑格爾的「進步不可避免」、「歷史有某種模式，而不只是一事接著一事」這些看法，但在他的歷史觀裡，進步之所以發生，是因為底層的經濟力量。

## ・共產之夢

為了取代階級鬥爭，馬克思與恩格斯保證會有一個這樣的世界：沒有人擁有土地，也沒有繼承權，教育是免費的，公家的工廠會供應每個人的需求。人也不需要宗教或道德了。他有個名言是，宗教是「人民的鴉片」：宗教就像一種藥物，讓人昏昏欲睡，不清楚自己受壓迫的真實狀態。在革命之後的新世界裡，人類會實現人性。人的工作會是有意義的，人們會以對彼此都有益的方式合作。革命是達成這一切的辦法，而革命就意味著暴力，因為富人不太可能不經過一番掙扎就放棄財富。

馬克思覺得過去的哲學家只描述了世界，然而他想做的是改變世界。這樣說對早期的哲學家有點不公平，有許多人都曾帶來道德與政治上的改革。但馬克思的思想比大多數哲學家更有影響力。這些思想是有傳染性的，一九一七年在俄國激發了真正的革命。不幸的是，事實證明蘇聯，這個革命後出現的巨大國家，涵蓋了俄羅斯與它的一些鄰國，還有大多數按照馬克思路線在二十世紀創立的共產主義國家，都是暴虐、無效率又腐敗的。組織一整個國家的生產過程遠比想像中困難得多。馬克思主義者聲稱這無損於馬克思思想，有些人仍相信馬克思對社會的看法基本上是對的，那些管理共產主義國家的人並沒有真正遵循共產主義路線。

還有人指出，人性比馬克思承認的更具競爭性、更貪婪，共產主義國家裡不可能有完全的合作；我們真的不是那個模樣。

馬克思在一八八三年死於肺結核的時候，鮮少有人能預見他對後來歷史的衝擊。當時看來，他的觀念會隨著他一起埋在倫敦高門墓園裡，而恩格斯在墳墓旁的悼詞：「他的名字會流傳經年，他的作品亦然！」似乎是一廂情願。

馬克思的主要興趣在於經濟關係，因為他認為經濟關係形塑了我們的現狀，還有我們能夠變成什麼樣子。實用主義哲學家詹姆斯在寫到一個觀念的「兌現價值」時，指的卻是相當不一樣的東西；對他來說，這個詞彙的意思就是觀念導致了什麼行動，以及對世界造成什麼樣的差別。

· 28 ·

# 那又怎樣？

## 皮爾斯與詹姆斯

## ・圈松鼠難題

一隻松鼠緊抓著一棵大樹的樹幹。在樹的另一邊，有一個獵人緊貼著樹幹。每次獵人往他左邊移，松鼠也迅速往自己的左邊移，爪子緊抓住樹幹，繼續繞著走。獵人一直想找到松鼠，松鼠卻維持在剛好他的視線範圍外。這樣的追逐連續了好幾小時，獵人連一瞥松鼠的機會都沒有。那麼，獵人圈住了那隻松鼠這個說法是對的嗎？想想看，獵人真的圈住了他的獵物嗎？

或許你會答：「你為什麼想知道？」美國哲學家與心理學家威廉．詹姆斯[1]正好碰到一群朋友在爭論這個例子。他應該會對你的反應有幾分同感。他的朋友對答案莫衷一是，卻討論得煞有介事，好像這件事裡有一種他們能夠揭露的絕對真相。有些人說，對，獵人圈住了松鼠；其他人則說，不，他肯定沒有。他們認為詹姆斯或許能幫忙想出什麼答案。詹姆斯則基於他的實用主義哲學提出了回應。

以下是他的說法。如果你說的「圈」是這個男人先在松鼠的北邊，然後在牠的東邊、南邊、西邊，符合了「圈」的一個意義（圈住或圍住），那麼答案是對的，獵人圈住了松鼠。但如果你的意思是獵人首先在松鼠前面，然後到了松鼠的右邊，

1 威廉．詹姆斯（William James），1842年－1910年，美國哲學家、心理學家。

接著又到松鼠後面，再到牠的左邊，這是「圈」的另一個意思（圈繞或環行），那麼答案就是沒有。因為松鼠的腹部總是面對獵人，獵人並沒有繞著那隻松鼠。他與牠總是面對面，樹木夾在中間，就像在對方的視線之外跳舞。

這個例子的重點，在於顯示出實用主義關注的是實際後果，即思想的「兌現價值」。如果沒有一件事情取決於答案，你怎麼決定其實並不重要。這全都要看你為何想知道答案，還有這答案實際上會造就什麼差別。在上述例子裡，除了參與討論者特別關注的問題，還有「圈」這個動詞在不同脈絡的確切用法，別無其他真相。如果沒有實用上的差別，那麼這件事就沒有真假可言。真相並不是以某種方式「存在於外」等著我們去發掘。詹姆斯認為，真相就是管用的東西，有益我們的人生。

## ・實用最重要

實用主義是十九世紀末在美國流行起來的哲學方法。發端於美國哲學家與科學家皮爾斯[2]，他想要讓哲學比過去更具科學性質。皮爾斯相信，一句陳述若要為真，就必須有可能的實驗或觀察來支持它。如果你說「玻璃是易碎的」，這意思是當你拿榔頭去敲玻璃，它就會裂成小碎片。就是這點讓「玻璃是易碎的」這句話為真。除了你敲下去以後會發生的事實，玻璃之中並沒有什麼看不到的「易碎」性質。而「玻璃是透明的」此句為真，是因為你能看透玻璃，不是因為玻璃裡有什麼神祕性質。皮爾斯討厭在實用上無法造就任何差別的抽象理論，他認為那樣的理論都是胡扯。如果我們能完全按自己想的去做所有實驗與研究，到最後會得出的結果，就是他心目中的真理。這非常接近艾耶爾的邏輯實證論（第三十二章）。

皮爾斯的作品並沒有很多讀者，但威廉・詹姆斯有。他是優秀的作家，就跟他弟弟、著名的長篇與短篇小說家亨利・詹姆斯一樣好，甚至更好。詹姆斯與皮爾斯都在哈佛大學擔任講師時，詹姆斯花費許多時間跟皮爾斯討論實用主義。詹姆斯自己發展了一套實用主義，並在論文與講座中推廣。對他來說，實用主義說穿了是：真理就是管用的東西。然而他對於什麼叫做「管用」說得有點含糊。雖然是早期的心理學家，他並不只對科學有興趣，也對是非對錯的問題、還有宗教

2　查爾斯・山德斯・皮爾斯（Charles Sanders Peirce），1839年－1914年，姓氏發音如英文的錢包（purse）。美國哲學家、科學家。

感興趣。事實上，他最有爭議性的作品是談宗教的。

詹姆斯的哲學路線跟傳統的真理觀非常不同。傳統觀點認為，真理的意思是符應事實，也就是真理符應論：一句話之所以為真，是因為它精確描述了世界是什麼樣子。「貓在地墊上」是當貓真的坐在地墊上時才是真的，如果貓沒坐在地墊上，比方說貓去外面花園裡找老鼠了，這句話就為假。但根據詹姆斯的真理實用論，讓「貓在地墊上」這句話為真的理由必須是：相信它會產生有用的實際結果，也就是對我們有用處。所以，舉個例子，相信「貓在地墊上」就表示我們知道在貓離開前，別在地墊上跟我們的寵物倉鼠玩。

## ・有用即為真

當我們使用像「貓在地墊上」這樣的例子時，真理實用論似乎不會產生特別讓人擔憂、也不特別重要的結果。但試試將真理實用論用在「神存在」這句話上。你預期詹姆斯會有什麼看法？

神存在是真的嗎？你怎麼想？幾種主要的答案包括：「對，神存在是真的」、「不，神存在不是真的」以及「我不知道」。如果你有費心回答我的問題，你給的答案大概不脫這三種立場，而它們各有名稱：有神論、無神論與不可知論。說「對，神存在是真的」的人通常意指某處有個至高無上的存在，就算沒一個活人、甚至人類從未存在過，「神存在」這句話都是真的。「神存在」與「神不存在」是非真即假的句子。但並不是我們對這些話的想法讓它們為真或為假；不管我們怎麼想，它們不是真的、就是假的。我們只希望思考這兩個句子時都想對了。

詹姆斯對於「神存在」做了一個相當不同的分析。他認為這句話是真的，理由是具備這個信念很有用。這樣的結論來自於他的關注點：他把焦點放在相信神存在的益處。這個主題對他來說很重要，他寫了一本書《宗教經驗之種種》（一九〇二年出版）來檢視宗教信仰會產生的廣泛影響。詹姆斯認為，說「神存在」是真實陳述，就是說相信這句話獲得某種好處。採取這種立場還滿讓人驚訝的。有點像第十二章提過的巴斯卡論證：不可知論者只要相信神存在就會得益。然而巴斯卡相信，「神存在」這句話為真的理由是神真正存在，而不是人信神了會覺得比較好，也不是有這個信念就會變成更好的人。他的「賭注」只是一種說法，用以爭取無神論者來相信他認為真實的事。詹姆斯則覺得該是這樣：信仰神「產生讓人滿意的效果」，因此「神存在」為真。

為了說得更清楚，我們就拿「聖誕老人存在」為例吧。這句話是真的嗎？每年聖誕夜，都有個臉蛋紅潤可愛的大漢帶著一袋禮物，從你家煙囪爬下來嗎？如果你相信確實如此，就別讀完剩下的段落了。然而我猜測，就算你覺得有聖誕老人挺好的，卻不認為聖誕老人存在。英國哲學家羅素（見第三十一章）曾取笑詹姆斯的真理實用論，他說這就表示詹姆斯必須相信「聖誕老人存在」是真的。他這麼說的理由是，詹姆斯認為一句話是否為真，完全就看它對信者來說有何影響。而大多數小孩子都覺得，不管怎樣，相信有聖誕老人棒極了，聖誕節變成了非常特別的一天，這個信念讓他們舉止乖巧，也讓他們在聖誕節即將來臨的日子裡興致勃勃。這對他們來說管用。所以根據詹姆斯的理論，相信它有說得出的用處，似乎就讓這句話為真了。麻煩在於，「如果是真的會很棒」與「實際為真」是有差別的。詹姆斯原本也可以指出，相信聖誕老人對小孩子管用，卻不是對所有人都管用。如果父母相信聖誕老人會在聖誕夜送禮物來，他們就不會出去替小孩買禮物。要到聖誕節早上我們才會知道「聖誕老人存在」的信念出了什麼問題，它不太管用。但這表示「聖誕老人存在」對小孩子是真的、對多數大人而言是假的嗎？這不就讓真理變得很主觀，關乎我們對事物的感受，卻不是有關世界的真實樣子？

再舉一個例子。我怎麼知道其他人真的有心靈？我從自己的經驗裡知道，我不是什麼缺乏內在生活的殭屍，我有思緒、意向等等。但我怎麼能夠分辨周遭的人到底有沒有思想？或許他們沒有意識。難道他們不可能是自動運作的殭屍，沒有自己的心靈嗎？這就是「他心問題」，是長久以來哲學家憂慮的難題。而詹姆斯的答案是，其他人有心靈一定是真的，不然我們得到別人認可與愛慕的欲望就無法得到滿足了。這種論證還挺古怪的，讓他的實用主義聽起來非常一廂情願——去相信你希望成真的事情，不管實際上是不是真的。但只因為相信「稱讚你的人是有意識的存在、而非機器人」感覺很好，並不會讓他們真的成了有意識的存在。他們可能還是缺乏任何內在生活。

二十世紀，美國哲學家羅蒂[3]繼續發展這種實用主義思維。他就像詹姆斯一樣，認為字詞是我們使用的工具，而不是以某種方式對應世界狀態的符號。字詞讓我們能應付這個世界，而不是拷貝世界。他宣稱「真理就是跟你同時代的人還

3 理查．羅蒂（Richard Rorty），1931年－2007年，美國哲學家。

算同意，並讓你擁有的想法」，沒有一個歷史階段比其他階段更正確了解現實。羅蒂相信，人描述世界的時候，就像文學批評家詮釋一齣莎劇，並沒有我們都應該同意的單一「正確」解讀方式。不同時期的不同人會對文本有不同的詮釋。羅蒂完全否認有任何一個觀點是一直都正確的。至少這是我對他作品的詮釋。羅蒂想必相信他的作品沒有正確的詮釋，就像獵人是不是圈住了繞著樹幹奔竄的松鼠，並沒有「正確的」答案。

尼采的作品是否有正確的詮釋呢？這也是個很有意思的問題。

· 29 ·

# 神之死

尼采

「神已死。」這是德國哲學家尼采[1]寫過最有名的句子。但神怎麼可能死？神應該是不朽的。不朽的存在不會死亡，會永遠活下去。然而從某方面來說，這就是重點。這就是為什麼神之死聽起來很古怪；它是蓄意的。尼采刻意玩弄「神不會死」的概念。他不是真的說神一度活著而現在死了，而是說信仰神不再合理。在他的書《歡悅的智慧》（一八八二年出版）裡，尼采將「神已死」這句話藉由一個角色說出來，此人打著燈籠到處找神，結果一無所獲，村民都認為他瘋了。

尼采才華出眾，年僅二十四歲就被聘為巴塞爾大學的教授，看來就要展開傑出的學術生涯。但這個古怪又有原創性的思想家無法融入環境或順從別人，而且似乎樂於讓自己的日子不好過。他最後在一八七九年離開了大學，部分原因是健康欠佳，然後旅行到義大利、法國及瑞士，寫出當時幾乎沒人讀的書，現在卻被視為哲學與文學名作。他的精神每況愈下，後半生大部分都待在一家療養院裡。

跟康德陳述觀點時那種井然有序的方式完全不同，尼采的陳述會從各個角度朝你而來。他大多著述的形式是簡短、零碎的段落，以及精簡扼要的一句話評論，有些是反諷的，有些是認真的，還有許多是自負又有意挑撥的。讀者有時會感覺尼采好像在對著你吼，有時則在你耳邊輕聲說些深奧的話。他常想讓讀者跟他串

1 尼采（Friedrich Nietzsche），1844 年－1900年，德國哲學家。

通起來，就好像在說：你跟我知道是怎麼回事，但外頭那些蠢人全都困於錯覺。他一直提及的一個主題是道德的未來。

## ・神死了也帶走善惡道德的限制

如果神已死，接著會怎麼樣？尼采自問。他的答案是，這樣我們就缺乏道德的基礎了。我們的是非善惡觀在一個有神的世界裡是合理的，在一個沒有神的世界裡則不然。神不見了，我們應該如何生活、重視哪些事物的清楚準則也就不見了。這是個不幸的消息，而且不是大多數尼采同代人想聽到的。他描述自己是「反道德主義者」，這不表示要刻意為惡，而是相信我們必須超越所有道德。用他的一本著作標題來形容，就是「超越善與惡」。

對尼采來說，神之死為人類開啟了新的機會。這些機會讓人又害怕又振奮。害怕的是，人必須怎麼活、怎麼做已經沒有安全網、也沒有規則了。宗教一度為道德行為提供意義與限制，但神的缺席讓一切都變得可能，移除了所有限制。振奮的是，至少從尼采的觀點來看，人現在能創造自己的價值觀，能發展自己的生活方式而活出跟藝術品等價的人生。

尼采看出，一旦你接受沒有神，你就不可能緊抓著基督教的是非觀念不放。那會是一種自我欺騙。他的文化曾經繼承的價值觀，像是憐憫、仁慈與考慮他人的利益，全都可能受到挑戰。而他的挑戰方式是去推測這些價值觀源自何處。

## ・奴隸道德

根據尼采，基督教看顧弱小無助者的美德有個讓人訝異的起源。你可能會認為憐憫與仁慈顯然是好的；你接受的教養也許是讚揚仁慈、鄙視自私。而尼采聲稱，我們具備的思考與感覺模式是有來歷的。一旦你知道這些概念的歷史或「系譜學」，就很難把概念想成永遠不變、描述我們應有舉止的某種客觀事實。

尼采在著作《道德系譜學》裡描述了古希臘的狀況，當時權力強大的貴族英雄是以戰鬥中的榮辱與英雄主義概念為中心，而不是以仁慈、慷慨與罪惡感為中心來建立他們的人生。這是希臘詩人荷馬在《奧德賽》與《伊利亞德》中描述的世界。在這個英雄的世界裡，缺乏力量的人、奴隸和弱者都羨嫉著強者。奴隸把他們的羨嫉與怨恨都導向強者。他們從這些負面的情感生出一組新的價值觀，將貴族的英雄價值觀顛倒了過來。奴隸沒有像貴族一樣頌揚力量與權勢，反而讓慷慨與關懷弱者變成美德。尼采口中的這種奴隸道德，把權力者的行為視為邪惡，自己的同胞情感則視為良善。

仁慈的道德起源在於羨嫉，這是個很有挑戰性的觀點。尼采表露了他更偏愛貴族的價值觀，頌揚強健好戰的英雄，遠勝過憐憫弱者的基督教道德。基督教與衍生出來的道德是將每一個人視為有同樣的價值，但尼采認為這是嚴重的錯誤。他的藝術英雄，像是貝多芬與莎士比亞，都比庸俗的群眾優越得多。那意思似乎是，從羨嫉中浮現的基督教價值觀正在阻礙著人類。英雄價值觀的代價可能是弱者遭踐踏，但為了替強者開啟榮耀與成就，這種代價是值得付出的。

尼采在《查拉圖斯特拉如是說》（一八八三至一八九二年）裡寫到了「超人」的概念。他描述的是一個想像出來的未來人，不會被傳統的道德規範阻礙，卻會超越規範，創造出新的價值觀。尼采或許受到他理解的達爾文演化論所影響，將超人視為人類發展的下一步。這有點讓人擔憂，有一部分是因為這種看法似乎支持自視英雄、欲遂行己欲而不顧別人利益的人。更糟的是，納粹從尼采的作品中擷取這個點子，用以支持他們扭曲的優等民族思想，應該統治其他種族，雖然大多數學者都論證說，納粹曲解了尼采實際上表述的意思。

尼采很不幸，從他心神喪失開始，直到過世後三十五年，都是他妹妹伊麗莎白在控制他的著作處理方式。她是德意志國家主義者中最糟糕的那種，而且還反閃族。她過濾了哥哥的筆記，挑出她同意的字句，略掉所有批評德意志或者不支持她種族歧視觀點的內容。她的剪貼版尼采思想出版為《權力意志》一書，將他的作品變成鼓吹納粹主義的宣傳品，尼采也變成了第三帝國認可的作者。要是他活得久些，他極不可能跟此事沾上任何關係。然而無可否認的是，他作品中有許多字句捍衛著強者毀滅弱者的權利。他告訴我們，羔羊痛恨猛禽是毫不意外的事，但這並不表示我們應該鄙視攫取並吞食羔羊的猛禽。

尼采不同於頌揚理性的康德，他總是強調情緒與非理性力量在形塑人類價值觀時所扮演的角色。他的觀點幾乎確定影響了佛洛伊德，佛洛伊德在著作裡探索了無意識欲望的本質與力量。

# · 30 ·

# 經過偽裝的思想

## 佛洛伊德

你真的能夠認識你自己嗎？古代哲學家相信你可以。但要是他們錯了呢？要是你心靈中有些部分是你永遠不可能直接觸及的，就像永遠上鎖的房間，讓你永遠進不去？

表象可能是騙人的。你清晨看到太陽時，似乎是從地平線後面爬上來，在白晝劃過天空，然後終於西下。我們很容易因此認為太陽是繞著地球轉，有好幾世紀大家都這麼相信。但實情並非如此。十六世紀，天文學家哥白尼領悟了這一點，儘管在此之前已有其他天文學家懷疑過。哥白尼革命：「我們的星球並非太陽系中心」的概念來得驚天動地。

十九世紀中葉帶來了另一個驚人發現（見第二十五章）。此前，人與動物完全不同、是由神設計的說法，看起來很有可能是真的。但達爾文的天擇演化論顯示人類與猿類有共同的祖先，不需要認為神設計了我們。演化是個不具人格的過程。達爾文的理論解釋了我們如何從類似猿的生物演變而來，也解釋了我們跟牠們有多相近。我們現在還能感覺到達爾文革命的影響。

根據佛洛伊德[1]的說法，人類思想上的第三次大革命是由他發現的「無意識」而起。他領悟到我們大多數作為是受到隱藏的願望所驅策。我們無法直接觸及這

1 西格蒙德・佛洛伊德（Sigmund Freud），1856年－1939年，精神分析學家。

些願望，願望卻沒有因此停止影響我們的作為。有些事情我們很想做，自己卻不清楚有這股意願。這些無意識的欲望深刻影響了我們的人生與組織社會的方式。它們是人類文明中最好與最壞面向的源頭。佛洛伊德發現了這點，不過，尼采的一些作品中也有類似的概念。

## ・躲藏在不知道的角落裡的無意識

佛洛伊德是精神病學家，職業生涯起初是神經科醫師，他住在維也納，當時奧地利仍舊是奧匈帝國的一部分。他是一位中產階級猶太人的兒子；在十九世紀末的維也納大都會之中，有許多受過良好教育、家境小康的年輕男子，他也屬於這種典型。然而他研究了許多年輕病人後，卻逐漸注意到精神的某些部分，他相信是這些部分掌控著病人的行為，透過他們沒有察覺到的機制，造成了他們的問題。歇斯底里症與其他類型的精神官能症讓他非常著迷。歇斯底里病患大多數是女性，常常夢遊、有幻覺，甚至產生癱瘓，然而沒有人知道是什麼導致這一切，醫生找不出這些症狀的生理成因。佛洛伊德細心注意病患怎麼描述自己的問題，理解他們的個人歷史以後，提出了想法：這些人真正的問題來源是某種擾人的記憶或欲望。那記憶或欲望是無意識的，他們根本不知道。

佛洛伊德會讓病人躺在一張躺椅上，他們腦子裡想什麼就談什麼，通常這樣做會讓他們覺得好多了，因為想法得到了宣洩。這種讓想法流瀉出來的「自由聯想」產生了讓人驚訝的結果，讓先前無意識的東西進入了意識。他也要求病患重述夢境。有時候這種「談話治療」解開了困擾他們的思緒，去除了一些症狀。談話的行為似乎釋放了他們不想面對的想法所導致的壓力。這就是精神分析的誕生。

但不只是精神官能症與歇斯底里病患具備無意識的願望與記憶。佛洛伊德認為我們所有人都具備。正因如此，我們才可能在社會中生活，我們對自己隱瞞真正的感受與真正想做的事。有一些暴力的想法，還有許多色欲的念頭，如果發洩出來就太危險了。心靈抑制住這些念頭，壓入無意識中。許多思緒是在我們幼童時成形；童年非常早期的事件可能在成人後再度浮現。舉例來說，佛洛伊德相信男人全都有無意識的欲望想殺死父親，與母親交媾。這就是著名的伊底帕斯情結，名稱來自希臘神話中的伊底帕斯，他無意之間實現了弒父娶母的預言。這種早期的尷尬欲望完全形塑了一些人的人生，他們卻根本沒發現。心靈中的某種成分阻止了這些比較陰暗的思緒以可辨認的形式滲透進來，也防堵了其他無意識欲望進入意識。但不管它是什麼，結果並不完全成功。這些念頭仍舊設法逃逸出來，還蒙上了偽裝。比方說，它們會出現在夢裡。

## ．夢是無意識的舞台

對佛洛伊德來說，夢境是「通往無意識的康莊大道」，是發現隱藏思緒的最佳途徑之一。我們在夢中見到、體驗到的事情，並不是表面上的那個樣子。夢有表面上的內容，似乎是正在發生的事，但潛在的內容才是夢真正的含義，這就是精神分析企圖去了解的。我們在夢中碰到的事物是象徵，代表著潛伏在我們無意識心靈中的願望。所以，舉例來說，牽涉到一條蛇、一把雨傘或一把劍的夢境，通常都是經過偽裝的性愛之夢。蛇、雨傘與劍都是經典的「佛洛伊德式象徵」，代表陽具。同理，夢中的一只錢包或一個洞窟的影像是代表陰道。如果你覺得這個概念令人震驚又荒謬，佛洛伊德可能會告訴你，這是因為心靈在保護你，不讓你認出自己心中跟性有關的念頭。

我們得以一瞥無意識願望的另一個方式，是透過說溜嘴的話，即所謂的「佛洛伊德式失言」：意外透露自己沒意識到的願望。許多電視新聞播報員曾經不小心讀錯一個名字、一句話，或意外地講出一句粗話。一個佛洛伊德派會說這種事情發生得太頻繁就不會只是機率問題。

不是所有無意識的願望都跟性或暴力有關。有些願望揭露的是一種基本衝突。在有意識的層面上，我們可能想要某樣東西，然而那個東西卻是我們在無意識層面上不想要的。想像你必須通過某個重要的測驗才能上大學。在有意識的層面上，你盡全力做每件事去準備考試。你讀遍了相關的考古題，將種種問題的答案列成大綱，並且確保你設定了鬧鐘提早響，才能準時到達試場。一切似乎都進行得很順利，你準時起床、吃早餐、趕上公車，你知道抵達的時間綽綽有餘。這一刻，你在公車上滿足地打起瞌睡。但醒來的時候卻驚恐地發現，你看錯公車的號碼，去了反方向，根本沒機會及時趕到正確地點參加考試。你恐懼著通過測驗的後果，那份恐懼似乎已經否決了你有意識的努力。在內心深處，你並不想成功，要承認這一點實在太嚇人了，但無意識卻向你揭露了出來。

佛洛伊德不只把他的理論應用在有精神官能症或神經質行為的人身上，也用在一般的文化信念上。對於人為何深受宗教吸引，他特別提出了一種精神分析的解釋。你可能信仰神，或許感覺到神在你生命中示現。你對神的信仰是從哪來的呢？佛洛伊德有個解釋。你可能以為你信神是因為神存在，但佛洛伊德認為你信神是因為你仍然感覺到幼童時期那種被保護的需要。從佛洛伊德的觀點來看，整個文明都是奠基於這種幻覺——外界某處有個強健的父親形象，會滿足你未得滿足的受保護需求。這其實是一廂情願，只因為你心中強烈地希望這樣的神應該存在，就相信事實如此。這完全是從童年早期被保護、被關照的無意識欲望中滋生的。神的概念讓仍殘存童年感受的大人很安慰，雖然他們通常不會發現這些情感從哪來，還會積極地壓抑自己，沒想到宗教是完全來自一種未得滿足的深層心理需求，而不是來自於神的存在。

從哲學的觀點來看，佛洛伊德的作品讓笛卡兒等思想家許多有關心靈的假設變得可疑。笛卡兒相信心靈能看透自身：你如果有個想法，一定能夠察覺到那個想法。在佛洛伊德之後，哲學界就必須承認無意識心理活動的可能性了。

然而並不是所有哲學家都接受佛洛伊德思想的基礎。有些人聲稱他的理論並不科學，最有名的是卡爾．波普（他的想法在第三十六章會有更完整的討論），這位哲學家說許多精神分析的概念是「無法否證的」。這不是稱讚，而是批評。波普認為，科學研究的精髓在於能經過驗證；也就是說，有可能存在某種觀察，顯示出理論為假。波普舉過一個例子：有一個男人把小孩推進河裡，還有一個男人跳進水中拯救溺水的小孩，這兩項行為就跟所有人類行為一樣適用佛洛伊德式的解釋。不管一個人打算溺死或拯救一個孩子，佛洛伊德的理論都能解釋。他可能會說，第一個男人在壓抑他的伊底帕斯情結某一面向的衝突，導致了他的暴力行為；第二個男人則「昇華了」他無意識的欲望，也就是設法把這些欲望導引成在社會上有用的行為。波普相信，如果每個可能的觀察（不管觀察結果是什麼）都被當成該理論為真的進一步證據，又沒有任何想像得到的證據能用來證明該理論為假，那麼這個理論就根本是不科學的。對此，佛洛伊德也許會辯稱，波普有某種壓抑的欲望讓他強烈地敵視精神分析。

有一位跟佛洛伊德的風格很不一樣、卻跟他同樣不喜歡宗教的思想家，叫做羅素。羅素相信，宗教是人類不幸的一個主要來源。

· 31 ·

# 現任法國國王是禿子嗎？

羅素

羅素[1]還是青少年的時候，主要興趣是性、宗教與數學，全都在理論層面上。在他漫長的一生中（九十七歲去世），他因為性引起爭議，攻擊了宗教，然後在數學上做出重大貢獻。

羅素對性的觀點讓他惹上麻煩。一九二九年，他出版了《婚姻與道德》，質疑基督教「忠於伴侶」的觀點。他不認為你必須如此，有一些人因此頗不以為然。但這種事情對羅素困擾不大。一九一六年，他就已經因為公開反對第一次世界大戰，在布里斯頓監獄裡待過六個月。在後來的人生中，他協助發起核武裁減行動組織（Campaign for Nuclear Disarmament，簡稱 CND），推行國際性的運動，反對所有大規模毀滅武器。這個生氣勃勃的老人到了一九六〇年代還站在公共集會的最前線，像五十年前年輕時一樣反對戰爭。他說：「要不是人廢了戰爭，就是戰爭廢了人。」到目前為止，兩種結果都還沒實現。

在宗教方面，他一樣敢言敢批，不怕激怒別人。羅素認為根本不可能有神介入來拯救人類，我們唯一的機會就是運用我們的理性能力。他相信人類會受到宗教吸引是因為害怕死亡。宗教給人安慰，讓人非常安心地相信，就算壞人在塵世逃過謀殺或更惡劣的罪名，還是有個神會懲罰他們。但這不是真的，神並不存在。

1 伯特蘭・羅素（Bertrand Russell），1872 年－1970 年，英國哲學家、數學家。

況且，宗教幾乎總是製造出更多苦難而非幸福。他承認佛教可能跟大多數宗教不同，但基督教、伊斯蘭教、猶太教與印度教全都有問題，要背上一大堆責任：它們在各自的歷史上都曾經是戰爭、個人苦難與憎恨的起因，造成好幾百萬人喪生。

不過有件事情應該先澄清：羅素雖然是和平主義者，卻準備好為他認定是公義與正確的事情挺身戰鬥（至少是用理念來戰鬥）。就算身為和平主義者，他也認為在罕見的狀況下，例如第二次世界大戰，作戰是可行的最佳選擇。

他生來就是英國貴族。他來自一個非常顯赫的家庭，正式頭銜是第三代羅素伯爵。光是看著他，你或許就能發現他是貴族。他有種貴氣的高傲外表、頑皮的笑容，還有閃閃發光的眼睛。他的聲音洩漏出他是上流社會的一員。在錄音中，他聽起來像另一個世紀的產物。他確實也是：生於一八七二年，真的是維多利亞時代的人。他的祖父約翰．羅素爵爺，曾經擔任過首相。

羅素的非宗教「教父」是哲學家彌爾（第二十四章的主角）。可惜他從沒機會結識，因為彌爾死時他才是剛會走路的幼童。但彌爾還是對羅素的發展有巨大影響。讀彌爾的《自傳》（一八七三年出版）導致羅素拒絕信神。他本來相信第一因論證。阿奎納等人都曾用過這個論證，即所有事物都必然有個起因；而一切的起因，在因果鏈上的第一因，一定就是神。但彌爾問：「什麼是上帝的起因？」然後羅素就看出第一因論證的邏輯問題了。如果有一樣東西沒有起因，那麼「所有事物都有起因」就不可能為真。對羅素來說，與其相信有什麼東西能夠沒有任何其他事物當作起因而存在，相信上帝也有起因還比較合理。

就像彌爾一樣，羅素有個不尋常卻不是特別快樂的童年。雙親都在他很小的時候去世，負責照顧他的祖母很嚴厲且不太親近。他在家裡接受家教，全心全意讀書，變成了非常出色的數學家，後來在劍橋大學教書。但真正讓他著迷的是：讓數學為真的是什麼？為什麼二加二等於四是真的？我們知道它是真的，但為什麼是真的？這一點很快就引導他走向哲學。

## ・理髮師的矛盾

身為哲學家，他的真愛是邏輯，一個位於哲學與數學交界上的學科。邏輯學家研究推論的結構，通常用符號來表達他們的想法。羅素逐漸迷上數學與邏輯的一個分支，稱為集合論。集合論似乎是保證有一種方法能解釋我們所有推論的結構，不過羅素思考後發現有個大問題：它會導致矛盾。他以一個著名的悖論來證明此事，該悖論就以他為名。

羅素悖論的範例如下：想像有個村莊，村裡有個理髮師，他的工作是只替不自己刮鬍子的人刮鬍子。如果我住在那裡，可能會自己刮鬍子，因為我不認為我能把時間排得恰恰好，每天都去找理髮師，而且我替自己刮得很不錯。此外我覺得找理髮師可能太貴了。但如果我決定不想自己刮，那麼理髮師就會是替我刮鬍子的人。理髮師自己怎麼辦呢？他只准刮那些不自己刮鬍子的人，根據這條規則，他甚至不能替自己刮鬍子，因為他只替不自己刮鬍子的人動手。結果他就很為難了。通常在這個村子裡，一個人要是不能替自己刮鬍子，就會由理髮師幫他刮；但如果理髮師也這麼做就違反了規則，因為那會讓他變成自己刮鬍子的人——明明理髮師只替不自己刮鬍子的人刮鬍子啊。

這種情況似乎導致了直接矛盾，說一件事是真的同時又是假的。這就是悖論，讓人非常困惑。羅素發現，一個集合指涉到它本身的時候，這種悖論就會出現。再舉一個同類的著名例子：「這句話是假的。」這也是一個悖論。如果「這句話是假的」指的是它表面上的意思（而且確實為真），那麼它就是假的——但這不又顯示它是真的！如此一來，似乎這句話同時是真的也是假的。但一句話不能同時為真也為假，這是基本邏輯。所以這樣的情況便是悖論。

這些悖論本身都是有趣的難題，沒有容易的解答，因此顯得很奇特。但對羅素而言，它們的重要性不只在於很奇特，而是揭露了一件事，即全世界所有邏輯學家對集合論所做的一些基本假設是錯的。他們必須重新開始。

## ・語言對應到這個世界

羅素的另一個主要興趣是：我們說的話怎麼樣聯繫到這個世界？他覺得如果他能夠推敲出是什麼讓一句話為真或為假，那會是對人類知識的一大貢獻。在這方面，他仍舊關注著躲在我們所有思維背後的高度抽象問題。他的大多作品都致力解釋我們話語陳述的邏輯結構。他覺得我們的語言遠比不上邏輯那麼精確。普通的語言必須被分析，即被拆解，才能找出底下的邏輯形態。他確信在哲學的所有範圍中要取得進展，關鍵就在於這種對語言的邏輯分析，它牽涉到將語言轉譯成更精確的詞彙。

就以「金山並不存在」為例，可能人人都同意此話為真，那是因為世界上沒有一個地方有金子做的山，它是在講一個不存在的東西。「金山」一詞似乎是指真正的東西，但我們知道並非如此。這是邏輯學家會遇到的難題。我們要如何有意義地談起不存在的東西呢？為什麼這句話不是完全沒意義呢？奧地利邏輯學家邁農[2]提出一個答案：我們能夠有意義地想到並談到的一切，都是存在的。他認為，金山必然存在，不過是以一種他稱為「邏輯上成立」的特殊方式存在。他也認為獨角獸與數字二十七是以這種方式「邏輯上成立」。

邁農思考邏輯的方式在羅素看來不正確。確實很怪。那表示世界上充滿了在一個意義上存在、在另一個意義上又不存在的東西。羅素設計了一個比較簡單的辦法，來解釋我們所說的話如何關連到存在的事物，如今人稱描述詞理論。就拿羅素最愛的古怪句子之一「現任法國國王是禿頭」來說吧。就算在羅素寫作的二十世紀早期，法國也沒有國王了。法國已經在大革命時擺脫了所有的國王與王后。所以他要怎麼合理解釋這句話呢？羅素的答覆是，就像一般語言中的大多數

2 亞歷克修斯．邁農（Alexius Meinong），1853年－1920年，奧地利哲學家。

語句一樣，這句話不完全是它表面的意思。

問題在這裡。如果我們要說「現任法國國王是禿頭」這句是假話，似乎是在說有個現任法國國王，他的頭不是禿的。但我們當然完全不是這個意思。我們並不相信有個現任法國國王。羅素如此分析：「現任法國國王是禿頭」這樣的陳述其實是一種隱藏描述詞。在我們講到「現任法國國王」的時候，我們觀念中的隱藏邏輯形態如下：

（a）**有一個存在的東西是現任法國國王。**

（b）**只有一個東西是現任法國國王。**

（c）**任何是現任法國國王的東西，都是禿頭。**

羅素以這種複雜的方式分析事物，證明了就算現在沒有法國國王，「現任法國國王是禿頭」這句話還是有意義。它有意義，然而是假的。不像邁農，他並不需要想像現任法國國王必須以某種方式存在（或者邏輯上成立）才能談到或想到他。對羅素來說，因為現任法國國王並不存在，所以「現任法國國王是禿頭」是

· 32 ·

# 呸！喔耶！

艾耶爾

如果你有辦法分辨別人是否在胡說八道，該有多棒？你就永遠不必再受人愚弄了。你可以把聽到或讀到的一切分成兩類：有意義的陳述，以及完全胡扯、不值得花時間思考的陳述。艾耶爾[1]相信他發現了一個這樣的辦法，稱之為驗證原則。

一九三〇年代早期，艾耶爾曾在奧地利待過幾個月，出席了數次「維也納學圈」的聚會（他們是一群傑出的科學家與哲學家），然後他回到牛津擔任講師。他才二十四歲就寫了一本書，宣稱哲學史大半時間都充斥著胡言亂語，完全是鬼扯，幾乎毫無價值。那本在一九三六年出版的書叫做《語言、真理與邏輯》。此書是所謂的「邏輯實證論」運動的一部分，這個運動把科學標榜為最偉大的人類成就。

「形上學」是指針對我們感官範圍之外的現實所做的研究，康德、叔本華與黑格爾都相信有那樣的現實。艾耶爾卻覺得「形上學」是骯髒的字眼，是他要對抗的。他只有興趣研究能夠透過邏輯或感官認識的東西，但形上學通常遠超過這兩者，描述不可能在科學或概念上探究的現實。根據艾耶爾的看法，這就表示它完全無用，應該扔掉。

1 亞弗瑞・艾耶爾（Alfred Jules Ayer），1910年－1989年，英國哲學家。

毫無意外，《語言、真理與邏輯》惹毛了一些人。牛津有許多老一輩的哲學家痛恨這本書，讓艾耶爾很難找工作。惹毛別人本來就是哲學家數千年來一直在做的事，這個傳統從蘇格拉底就開始了。不過要寫出這樣一本書，公然抨擊過往一些偉大哲學家的研究，仍然是很勇敢的事情。

## 沒意義的那些都丟了吧

艾耶爾分辨有意義與無意義句子的方法如下。找一個句子，然後問這兩個問題：

（1）**這句話從定義來看為真嗎？**

（2）**這句話可從經驗來驗證嗎？**

如果兩者皆非，這句話就沒有意義。那是他對意義的雙叉測試，只有從定義上為真或從經驗可驗證的陳述，才對哲學家有用處。這需要一些解釋。定義上為真的陳述句例如：「所有鴕鳥都是鳥」或「所有兄弟都是男人」。這些陳述句以康德的術語來說都是分析句（見第十九章）。你不必去研究鴕鳥才知道牠們是鳥，那已經是鴕鳥定義的一部分了。顯然你不可能有女性的兄弟，事實上也永遠沒有人會發現這樣的兄弟，除非兄弟哪時候去動了變性手術。定義上為真的陳述句帶出了內含於我們使用詞彙中的意義。

相對地，經驗上可驗證的陳述（以康德的術語來說就是「綜合性」陳述）能給我們真正的知識。一則陳述要在經驗上可驗證，就必須有某種測試或觀察，顯示出它為真或為假。舉例來說，如果有人說「所有海豚都吃魚」，我們可以找些海豚來給牠們魚，看看牠們會不會吃。如果我們發現有一隻海豚從來不吃魚，那麼我們就知道這句話為假。而艾耶爾認為，那仍然是一句可驗證的陳述，因為他用「可驗證」這個詞來同時涵蓋「可驗證」與「可否證」的。經驗上可驗證的陳述全是事實陳述，都在描述世界的樣子。一定有某種觀察會支持或削弱這些陳述，科學是我們驗證它們的最佳辦法。

艾耶爾宣稱，如果句子既無法從定義分析為真，也不是經驗上可驗證（或可否證）的，那就是沒有意義的。就這麼簡單。艾耶爾哲學的這一小部分是直接借自休謨的論述。休謨曾經半認真地建議，我們應該把無法通過這種測驗的哲學作品都燒掉，因為這種作品裡什麼都沒有，只有「詭辯與幻覺」。而艾耶爾修訂了休謨的觀念以符合二十世紀。

如果我們拿「有些哲學家有鬍子」這句話來看，很明顯不是在定義上為真，因為有些哲學家必定臉上有毛並非哲學家定義的一部分。但這句話能從經驗去驗證，因為我們可以到外頭去找證據。我們需要做的就只是好好觀察一批哲學家，如果發現有些人有鬍子（這確實很有可能），那麼我們就可以下結論說這句話是真的。或者，如果在看過數百位哲學家以後，連一個有鬍子的人都找不到，我們就能結論「有些哲學家有鬍子」可能是假的，不過我們還沒檢驗過所有哲學家，所以無法完全確定。不管真或假，這句話都有意義。

再比較這句話：「我房間裡充滿了不留痕跡的隱形天使。」這也不是從定義上為真的句子。但它是經驗上可驗證的嗎？似乎不是。如果隱形天使真的不留痕跡，就沒有任何想像得到的辦法能偵測出它們。你不可能碰到或聞到它們，它們不留足跡，也不會發出聲音。所以這句話儘管看起來有意義，卻是完全胡扯。它有正確的文法，但要當作一句關於世界的陳述，它既不真也不假。它是沒有意義的。

## ・對的喔耶，壞的呸

這可能很難理解。「我房間裡充滿了不留痕跡的隱形天使」這句話看起來有意義啊。但艾耶爾的重點是，無論如何它對人類的知識沒有貢獻，雖然可能聽起來很有詩意，或者有可能寫入一部虛構作品中。

艾耶爾並不只抨擊形上學，倫理學與宗教也都是他的批評目標。舉例來說，他最有挑戰性的結論之一是，道德判斷其實是廢話。這樣講似乎很驚世駭俗，但如果你把他的雙叉測試用在道德陳述上，就會出現這樣的結論。如果你說「酷刑折磨是錯的」，他認為你等於只是說「酷刑折磨，呸！」你在揭露你對這件事的個人情緒，而不是講出一句可能為真或為假的陳述。那是因為「酷刑折磨是錯的」無法從定義分析為真，也無法當成一個能證明或否證的事實。他相信沒有一種測試能用來決定這件事的真假；不過，邊沁與彌爾等效用主義者應該不會同意這種看法，因為他們會衡量這件事最後導致的快樂程度。

所以，依艾耶爾的分析方式，說「酷刑折磨是錯的」完全沒意義，因為這種句子永遠不可能為真或為假。你說「同情是好的」，也只是表現出你的感覺，跟「同情，喔耶！」一樣。毫無意外，艾耶爾的倫理學理論（即「情緒論」）通常被形容成「呸！／喔耶！理論」。有些人以為艾耶爾的論點是道德不重要，你愛怎麼做就怎麼做。但並非如此。他的意思是，我們不可能有意義地討論這些與價值觀有關的議題，但他確實相信，在大多數關於我們應該怎麼做的辯論中，受到討論的東西是事實，而且這些事實是經驗上可驗證的。

在《語言、真理與邏輯》的另一章裡，艾耶爾攻擊的論點是「我們能有意義地談論神」。他論證道，「神存在」這個句子既不是真的也不是假的，又是一句沒意義的廢話。那是因為它並非從定義上為真（不過有些人遵循聖安瑟倫的存有論，說神絕對必須存在），而且艾耶爾不接受設計論證，那就表示沒有一個測試能證明神存在或不存在。所以艾耶爾既非有神論者（相信神存在的人）也非無神論者（相信神不存在的人）。他認為「神存在」只是又一句沒有意義的陳述。有些人替他這種立場取了一個名字：「漠視神論」。跟艾耶爾一樣屬於這個特殊哲學範疇的人認為，所有關於神存在或不存在的論述都是徹底的廢話。

雖然如此，艾耶爾在生命後期曾有一次很震驚的瀕死體驗。他哽到一小塊鮭魚骨，失去知覺，心臟停了四分鐘。他清楚地看見一道紅光，還有兩位「宇宙主宰」彼此交談。這個幻象並沒有讓他信仰神，但確實讓他質疑自己原本很確定的事：心靈在死後是否繼續存在。

不幸的是，艾耶爾的邏輯實證論提供了自毀的工具：這個理論似乎沒有通過自身的測試。首先，它並不是顯然從定義上為真。其次，沒有一種觀察能夠證明或否證它。所以就它自己的標準來看，是沒有意義的。

為了尋求人生解答才轉向哲學的人，艾耶爾的哲學對他們沒什麼用處。在許多方面都更有希望提供答案、大有可為的是存在主義，這場哲學運動興起於歐洲，在第二次世界大戰期間與剛結束時。

· 33 ·

# 自由帶來的痛苦

## 沙特、波娃與卡繆

如果你能夠時光旅行回到一九四五年，到巴黎一間名為雙叟的咖啡館，你會發現自己坐在一個雙目圓瞪的矮小男人附近。他一邊抽菸斗，一邊在一本筆記本裡寫字。這個男人是沙特[1]，最知名的存在主義哲學家，也是小說家、劇作家與傳記家。他大半輩子都住在各家旅館裡，在咖啡館寫下大部分的作品。他看起來不像領導特殊潮流的人物，但幾年之內，他將變成那樣的人。

常常有一位聰明絕頂的美麗女性來跟沙特會合，她是西蒙．波娃[2]。各自在大學時代相遇相識，她是沙特的長期伴侶，但他們從未結婚，也從來沒有住在一起。他們也都有別的情人，但他們之間的關係一直維持著。他們形容這是「必要的」關係，其餘關係則都是「偶然的」（意思是「非必然的」）。波娃像沙特一樣是哲學家兼小說家，她寫了一本重要的早期女性主義著作《第二性》（一九四九年出版）。

二次大戰剛剛結束，大戰中多數時候巴黎都是被納粹勢力占領，法國人的日子過得非常艱難。有些人設法加入反抗軍，對抗德國人；有些人則跟納粹合作，背叛朋友以拯救自己。食物供應短缺，街頭發生槍戰。人會憑空消失，再也見不到。巴黎的猶太人被送到集中營去，大多數在那裡慘遭謀害。

1 尚－保羅．沙特（Jean-Paul Sartre），1905年－1980年，法國哲學家。

2 西蒙．波娃（Simone de Beauvoir），1908年－1986年，法國作家、存在主義哲學家。

現在既然同盟國擊敗了德國，是人生重新開始的時候了。戰爭結束讓大家鬆了一口氣，也覺得必須把過去留在腦後，正該通盤思考我們的社會該是什麼模樣。經過戰時的恐怖，各式各樣的人都在用哲學家會問的那種問題問自己，好比說：「活著的意義是什麼？」「神存在嗎？」「我非得一直做別人期待我做的事嗎？」

## ・選擇自我人生的自由

沙特已經寫了一本晦澀的長篇著作，叫做《存在與虛無》（一九四三年），於戰時出版。這本書的中心主題是自由。人類是自由的。在被占領的法國，這樣的思想很古怪，因為那時大多數法國人覺得好像（或者真的就是）在自己國家裡成了囚犯。然而沙特的意思是，人類跟小刀之類的東西不同，並非設計來做特定的事。沙特並不相信有個神能夠先設計好我們，所以他拒斥神為我們設定好目的的想法。小刀被設計來切割物體，那是它的本質，就是那種本質讓小刀是一把小刀。但人類是設計來做什麼的？人類並沒有一個本質。他認為我們並不是基於某個理由才出現在此。我們並不必然要是什麼特定的樣子才算是人類。人類可以選擇要做什麼、要成為什麼。我們全是自由的。沒有人能決定你怎麼造就自己的人生，只有你能決定。如果你讓別人決定你怎麼活，那也是一個選擇，選擇成為別人期待你成為的那種人。

顯而易見的是，當你選擇要做一件事，不一定會做得很成功。你不成功的理由可能完全在你的控制範圍之外。但想做那件事、企圖做那件事以及如何回應自己的失敗，都是你的責任。

自由是很難掌控的，我們許多人都會逃離或躲避它。有一種躲避方式是假裝你其實根本不自由。如果沙特是對的，我們就不能找藉口：我們要為自己每天的所作所為、還有如何感受這些作為負起完全的責任，連對自己的情緒都要負責到底。如果你現在很悲傷，根據沙特的說法，那是你的選擇。你不是非得悲傷不可。如果你很悲傷，你要為此負責。這樣說很嚇人，有些人寧可不要面對，因為那太痛苦了。沙特說我們「被判處自由之刑」。不管我們喜不喜歡，這種自由都黏上了我們。

沙特描述了一個咖啡館裡的侍者。侍者以一種非常制式的方式移動，他的舉止就像一個木偶。他身上的每件事都指出，他認為自己的生命完全被界定為侍者的角色，就好像他對於任何事情都沒有選擇。他拿著托盤的方式，在桌子之間移動的方式，全屬於一種舞蹈，而編出這支舞的是他的侍者工作，不是表演舞蹈的人。沙特說，這個男人是在「自欺」。自欺就是逃避自由。它是一種你對自己說的謊，而你也幾乎相信了：「你不是真的有自由選擇怎麼看待自己的人生以及這輩子要做什麼。」然而沙特認為，不管你喜不喜歡，你就是自由的。

## ・選擇的責任與痛苦

在一場戰後發表的演講〈存在主義是一種人道主義〉之中，沙特描述人類的生命裡充滿了痛苦。這種痛苦是由於我們了解自己不能編織任何藉口，只能為一切作為負責；更糟的是，我人生做的任何事情都是一種給別人看的樣板，告訴別人要怎麼過他們的生活。如果我決定結婚，我是在暗示每個人都該結婚；如果我決定懶散度日，在我眼中，人類存在就該這樣，懶散就是每個人應該做的事。透過人生中的這些選擇，我勾勒出一幅圖畫，描繪人類應該是什麼樣子。如果我真誠地做選擇，就有了很大的責任。

沙特以一位學生的真實故事來解釋他所謂的「選擇的痛苦」。戰時，這個年輕的學生必須做一個非常艱難的決定，於是來請教他的建議。學生可以待在家裡照顧母親，也可以逃走，設法加入法國反抗軍作戰，從德國人手中拯救他的國家。這是他人生中最艱難的決定，他不確定該怎麼做。如果離開母親，她會因沒有他變得很脆弱。他可能聯絡不上反抗軍鬥士，然後被德國人逮到，義舉的企圖就會變成精力與生命的浪費。但如果留在家裡陪母親，就是讓別人為他戰鬥。他應該怎麼做？你會怎麼做？你會給他什麼樣的建議？

沙特的建議有點讓人氣餒。他告訴這個學生，他是自由的，應該自己選擇。就算沙特給了學生該做什麼的實質建議，學生還是必須決定要不要聽從。身為人類，責任重擔隨之而來，無從逃避。

## ・人的存在先於本質

「存在主義」是別人替沙特哲學取的名字。這個名稱來自以下的觀念：我們首先發現自己存在於世上，接下來就必須決定我們要如何過自己的人生。這本來可能是反過來的：我們本來會像把小刀，被設計來滿足特定的目的。但沙特相信我們不是這樣。用他的話來說，我們的存在先於我們的本質，至於設計出來的物體，卻是本質先於存在。

在《第二性》中，波娃將存在主義轉向了別處。她聲稱女人並非生而為女人，而是變為女人。她的意思是，女人傾向接受男人看待女人的觀點。成為男人期待中的妳是一種選擇。但女人生來自由，可以自己決定想要成為什麼。女人沒有本質，沒有自然賦予的必然狀態。

存在主義的另一個重要主題是我們存在的荒謬。人生完全沒有意義，直到我們做決定才賦予了人生意義，然後不久死亡就來臨，將我們能給人生的所有意義都加以去除。如果照沙特版本的說法，人是「一種無用的熱情」：我們的存在完全沒有意義。我們每個人透過自己的抉擇才創造出意義。一位也與存在主義相關的小說家與哲學家卡繆[3]，曾用希臘的薛西弗斯神話來解釋人的荒謬。薛西弗斯因騙了天神而受到懲罰，必須把一顆大石頭推到山頂。等他抵達山頂，石頭就會滾下來，他必須從山底下重新開始。薛西弗斯必須永遠一而再、再而三地推石頭。人類的生命就像薛西弗斯的勞役一樣，完全沒有意義，也無任何目的，缺乏解釋一切的答案。人生是荒謬的。

但卡繆並不認為我們應該絕望；我們不該自殺。我們反而應該承認薛西弗斯是快樂的。為什麼呢？因為在把巨石滾上山頂的毫無意義的掙扎之中，有某種特質讓他的人生值得活。人生仍然比死來得好。

存在主義引領了一方風潮。成千上萬的年輕人受到吸引，討論人類存在的荒謬直到深夜。這個學說激發了種種小說、劇本與電影。它是人可以照著生活、應用到自身抉擇的哲學。

沙特自己隨著年齡增長，越來越投入政治活動，也更傾向左派。他試著將馬克思主義與他自己早期的觀點結合在一起，這工程相當艱鉅。他一九四〇年代的存在主義是把重心放在為自己做決定的個人；但到了晚期，他試圖弄清楚我們如何是較大群體裡的一部分，還有社會與經濟因素如何影響我們的人生。不幸的是，

3 阿爾貝·卡繆（Albert Camus），1913年－1960年，法國小說家、諾貝爾文學獎得主。

他的作品變得越來越難理解；或許部分原因在於許多內容是他嗑多了安非他命時寫的。

沙特可能是二十世紀最廣為人知的哲學家。但如果你問哲學家，誰是二十世紀裡最重要的思想家，很多人會告訴你，是維根斯坦。

# · 34 ·

# 語言的蠱惑

## 維根斯坦

如果你發現自己置身於一九四〇年由維根斯坦[1]在劍橋主持的討論班，你會很快明白眼前這個人很不尋常。大多數見到他的人都認為他是天才。羅素形容他「熱情、深刻、認真、富控制欲」。這個矮小的維也納男人有雙明亮的藍眼睛，氣質深沉嚴肅，他會來回踱步，問學生問題，或者停下來沉思，一停就是好幾分鐘，沒有人膽敢打斷。他不是照著準備好的筆記演講，而是在他的聽眾面前思考著種種議題，用一連串的例子來套取關鍵資訊。他告訴學生別浪費時間讀哲學書；他說，如果他們認真看待這種書，就應該把書扔到房間另一頭，然後繼續努力思考書中提出的難題。

他自己的第一本書《邏輯哲學論》（一九二二年出版）是由有編號的短小段落組成，許多段落讀起來不像哲學，更像是詩。此書的中心思想是：最重要的倫理學與宗教問題處於我們的理解範圍之外，我們若無法有意義地談論這些問題，就應該保持沉默。

在他後來的作品裡，中心主題則是「語言的蠱惑」。他相信語言把哲學家引向各種混淆，他們降服於語言的魔咒裡。維根斯坦將自己的角色看成一位治療師，他會驅散大半的混淆。他的想法是，你會遵循他精心選擇的各種例子所架構出來

1 路德維希・維根斯坦（Ludwig Josef Johann Wittgenstein），1889年－1951年，英國哲學家。

的邏輯，如此一來，你的哲學問題就消失了。本來看似極端重要的問題，就不再是問題了。

## ・我們以為我們說的是同一件事

他認為哲學概念的混淆與誤解有一個起因是假定語言都以同一種方式運作，也就是文字只為事物命名或指名。他想要向讀者展現文字還有許多的「語言遊戲」：用文字進行種種不同的活動。語言沒有「本質」，沒有一個單獨的共同特徵能解釋所有範圍的語言使用方式。

如果你看到一群彼此有親戚關係的人，比方說在婚禮，你或許能從家族成員的身體相似性認出他們是一家人。那就是維根斯坦所謂的「家族相似性」。所以你會在某些方面看起來有點像媽媽，或許你們兩人的髮色與眼睛顏色是一樣的；而且你也有點像祖父，因為你們兩個都又高又瘦。你可能也跟妹妹有一樣的髮色與眼睛形狀，但她的眼睛顏色可能跟你和媽媽不一樣。家族成員不會有一個單獨的共同特徵，讓人一目瞭然你們屬於同樣的遺傳關係；而是有一種相似性部分重疊的模式，即你們之中某些人有某些共同特徵，另一些人則有別的共同特徵。這種相似性部分重疊的模式讓維根斯坦很感興趣。他用家族相似性的隱喻來解釋語言運作方式的一個重要面向。

想想「遊戲」這個詞。有一大堆不同的東西都被我們稱為遊戲：西洋棋等桌上遊戲，橋牌、單人牌戲等撲克牌戲，以及足球等運動比賽。還有像是捉迷藏，或者扮家家酒等假扮遊戲。大多數人都以為，因為我們用了同樣的詞「遊戲」來涵蓋這一切，就一定有某種單一的共同特徵，而此特徵是「遊戲」這個概念的「本質」。但維根斯坦並不如此認為，他敦促他的讀者去「看個清楚」。你可能認為遊戲全都有贏家跟輸家，但是單人牌戲或對著牆壁丟接球呢？兩者都是遊戲，但顯然沒有輸家。或者說，遊戲的共通點是都有一組規則？但有些假扮遊戲又似乎沒有規則。維根斯坦針對每一個可能的遊戲共同特徵都想出一個反例，也就是雖然是遊戲，卻沒有那個可能的遊戲共同「本質」。他沒有假定所有遊戲都有一個共通點，反倒認為我們應該把「遊戲」這樣的詞彙當成「家族相似性詞彙」。

維根斯坦將語言描述成一連串的「語言遊戲」，是要大家注意這個事實：

我們把語言運用在許多不同的東西上，而哲學家已經搞糊塗了，因為他們大多數認為全部語言做的是同一種事情。他對於自己身為哲學家的目標有一個著名的描述：他想做的是讓蒼蠅看到飛出採集瓶的路。一個典型的哲學家就像困在瓶子裡的蒼蠅，嗡嗡亂繞，猛撞著瓶壁。「解消」一個哲學問題的方法就是拿掉瓶塞，讓蒼蠅飛出來。這表示他想要證明給哲學家看，他們一直問錯了問題，或者被語言誤導了。

就以奧古斯丁描述自己如何學會說話為例。在他的《懺悔錄》裡，奧古斯丁提到他身邊年紀較長的人會指著物體說出它們的名字。他看到一顆蘋果，有人就會指向它，說出「蘋果」。奧古斯丁漸漸懂得那些字詞的意思，也能用它們來告訴別人他要什麼。維根斯坦拿這段敘述當成例子，說明一個人假設所有語言都有個本質、一個單一功能；這單一功能就是為事物命名或指名。對奧古斯丁來說，每個字都有它代表的意義。但維根斯坦不如此看待語言，他鼓勵我們將語言使用視為一連串的活動，跟說話者的實際生活綁在一起。我們應該把語言想成一只工具袋，裡面裝著許多不同種類的工具，而不是永遠只有（比方說）螺絲起子的功能。

當你正痛著，而且要述說痛的時候，顯然你是在使用能指出你這種特定感受的詞彙。但維根斯坦企圖打亂這種「感覺語言」的觀點。這不是說你沒有感覺；而是說，從邏輯上來看，你的話語不可能是那些感覺的名稱。如果每個人都有一個絕不示人的箱子，裡面裝了一隻甲蟲，在他們跟別人談起自己那隻「甲蟲」的時候，箱子裡有什麼東西其實無關緊要。語言是公共的，而且需要公開可用的方式來檢查我們是否講得有意義。維根斯坦說，當一個小孩學會「形容」她的痛，其實是父母鼓勵小孩做各種事情，比如，開口說「這樣很痛」，但這句話在許多方面都等同於自然的表達語「啊啊啊！」維根斯坦會這樣說，有一部分意思是我們不該把「我在痛」這句話看成一種命名或說出私有感受的方式。如果痛跟其他感覺真的是私有的，我們就會需要一種特別的私有語言來形容它們，但維根斯坦認為這個想法並不合理。他的另一個例子有助於解釋他為何如此思考。

一個男人決定，每次他產生一種沒有名字的感覺，譬如一種特別的刺痛，他就記錄下來。他會在日記裡寫下一個「S」來表達那種刺痛。「S」是他私有語言裡的字，沒有別人知道他用這個字的意思是什麼。這聽起來滿有可能的，你不難想像一個男人做這樣的事。但請你再多想一想。他怎麼知道他產生的一個刺痛感真的就是他決定記錄的「S」式刺痛的又一例，而不是另一種刺痛？他無法拿這個刺痛回頭去對照別的東西，只能對照他先前一次「S」刺痛經驗的記憶。然而這樣其實不夠好，因為他可能徹底搞錯了。要分辨你是不是用同樣的方式使用一個字，這種方法並不可靠。

維根斯坦企圖用這個日記例子去指出，我們利用文字描述經驗的方式不可能是奠基於經驗與文字之間的私有連結，它一定會有某種公共的成分。我們不可能擁有自己的私有語言。如果這是真的，「心靈有如上鎖的劇院，沒有人能夠進入」這個概念就是誤導的。所以對維根斯坦來說，私有的感覺語言這個概念完全沒道理。這點很不容易理解，卻很重要，因為許多在他之前的哲學家認為每個個人的心靈都是完全私有的。

維根斯坦家族雖然是基督徒，在納粹法律下卻被視為猶太人。二次大戰期間，維根斯坦曾有一段時間在倫敦一家醫院裡擔任護理雜務人員，他的家族近親則很幸運地逃離維也納。要是他們沒逃出來，艾希曼[2]可能就會監送他們去死亡集中營。漢娜．鄂蘭在思考邪惡的本質時，就把重點置於艾希曼在猶太大屠殺中的參與行為，還有他因違反人道罪而受審的情形。

2 阿道夫．艾希曼（Adolf Eichmann），1906年－1962年，納粹高階軍官。曾在猶太人大屠殺中，負責執行將大部分猶太人運輸至集中營並處死。

· 35 ·

# 不問問題的人

漢娜·鄂蘭

納粹份子艾希曼是個工作勤奮的管理者。從一九四二年開始，他就負責運送歐洲猶太人到包括奧許維茨在內的波蘭集中營去。這屬於希特勒「最後解決方案」的一部分：計畫殺死在德軍占領區內生活的所有猶太人。艾希曼並不負責系統化的殺戮政策——這不是他出的主意。但他費了很大的心力，參與讓此事成真的鐵路系統。

從一九三〇年代開始，納粹就一直在推行剝奪猶太人權利的法律。希特勒幾乎把德國所有錯事都怪罪到猶太人身上，而且瘋狂地希望報復他們。這些法律禁止猶太人進入國立學校，逼迫他們交出財產，還要他們戴上一顆黃星。猶太人被趕到一起，被迫住在猶太街區裡：這些位於各城市裡的過度擁擠區域變成了他們的監獄。他們食物短缺，生活困苦。但最後解決方案帶來了更高一層的邪惡。希特勒只為了種族的關係就決定謀殺數百萬人，這表示納粹需要一套方法將猶太人撤出城市，轉送到可以大批屠殺他們的地方。既有的集中營經過改造，變成一天能夠毒殺並火化數百人的工廠。許多集中營都在波蘭，所以必須有人安排送猶太人赴死地的火車。

艾希曼坐在一間辦公室裡翻著各種文件、打重要電話的同時，數百萬人因為他的作為而死。有些人死於傷寒或飢餓，有些人則被迫工作到死，但大多數人都被毒氣殺死。在納粹德國，火車都準時行駛；艾希曼跟他的同類確保了這一點。他們很有效率，讓貨運車廂總是滿滿的，車裡都是男人、女人與小孩，全在一條漫長痛苦的旅程裡被送往死地，通常沒有食物或飲水，有時候處於炎熱與酷寒。許多人在途中死去，尤其是老人與病患。

活下來的人抵達時既虛弱又恐懼，只能被逼著進入偽裝成淋浴間的密室裡脫光衣服。密室門鎖上了，納粹用齊克隆毒氣謀殺了他們。他們的屍體遭焚燒，財物則被侵吞。如果他們沒有像這樣被挑出來立刻受死，比較強壯的人可能就會被迫在只有少量食物的殘酷環境下工作。納粹警衛會毆打他們，甚至為了找樂子射殺他們。

艾希曼在這些罪行裡扮演了重要的角色。二次大戰結束後，他設法從同盟國軍隊手中逃脫，最後抵達阿根廷，在那裡祕密生活多年。然而在一九六〇年，以色列祕密情報局莫薩德追蹤他到了布宜諾斯艾利斯，並且逮捕了他。他們下藥迷昏他，空運回以色列受審。

艾希曼是某種邪惡的禽獸或一個享受別人痛苦的虐待狂嗎？在審判開始前，

大多數人都這麼相信。要不然他怎麼可能在大屠殺裡扮演那種角色？許多年間，他的工作就是找出有效率的方式把人送去處死。只有怪物才能在做過這種工作以後還能夜夜安睡吧。

哲學家漢娜．鄂蘭[1]是移民到美國的德裔猶太人，為《紐約客》雜誌報導艾希曼的審判。她很有興趣直接面對納粹極權國家的產物。在納粹那個社會裡，你沒有多少自行思考的空間。她想了解這個人，感受一下他是什麼樣子；她還想找尋他怎麼能做出這些可怕的事情。

艾希曼絕對不是鄂蘭遇過的第一個納粹份子。她自己就曾逃出納粹魔掌，離開德國前往法國，最後歸化為美國公民。她年輕時在馬堡大學就讀，老師是哲學家海德格[2]。有一小段時間他們是情侶，雖然她年僅十八歲，他則已經結婚了。海德格正忙於撰寫《存在與時間》，一本艱深得不可思議的書，有些人認為此書是對哲學的重大貢獻，另一些人則認為此書是刻意行文晦澀。後來他變成納粹黨的忠誠黨員，支持反猶太政策。他甚至把過去的朋友、哲學家胡賽爾[3]的名字從《存在與時間》的致敬頁上拿掉，因為胡賽爾是猶太人。

然而此時在耶路撒冷，鄂蘭見到的是一個非常不一樣的納粹份子。艾希曼相

1 漢娜．鄂蘭（Hannah Arendt），1906年－1957年，美國政治理論學家。

2 馬丁．海德格（Martin Heidegger），1889年－1976年，德國哲學家。

3 愛德蒙．胡賽爾（Edmund Gustav Albrecht Husserl），1859年－1938年，德國哲學家。

當平凡，他選擇不去多想自己的所作所為。他不去思考，結果造成了災難。但他並不是她預期看到的那種邪惡虐待狂。他這種人太過普通，卻一樣危險：他是個不思考的人。在戰時的德國，最惡形惡狀的種族主義被寫進法律裡，他輕易讓自己相信他做的是正確的事。周遭環境讓他有機會獲取成功的事業，他也掌握了這個機會。在希特勒的最後解決方案中，他可以展現自己有能耐做好工作，進一步飛黃騰達。這點很難想像，而且許多鄂蘭的批評者並不認為她看法正確，但她覺得當艾希曼自稱在履行職責的時候，他是認真的。

## ・平庸的邪惡

跟某些納粹份子不同，艾希曼似乎不是受到對猶太人的強烈恨意所驅策。他完全沒有希特勒那樣的惡毒恨意。大批納粹份子會很樂意把一個猶太人當街打死，只因為那人沒有喊「希特勒萬歲！」而艾希曼並非其中之一。但他還是遵循並接納官方的納粹路線，更糟糕的是，他幫忙把幾百萬人送進死地。即使他正在聆聽對自己不利的證據，似乎也不知道他的作為有何錯誤。就他看來，既然他沒有違反任何法律，也從來沒有親自殺害任何人或直接要求別人替他動手，他的行為就很合理。他被教養成要遵循法律，也受到訓練要服從命令，他周遭所有人都在做一樣的事。他聽從別人的命令，迴避了對自己日常工作結果的責任感。

艾希曼不需要去看人大批大批被塞進貨運車廂裡，不需要去造訪死亡集中營，所以他都沒這麼做。這個男人告訴法庭，他不可能成為醫生，因為怕見血。但他還是滿手血腥。他是一個系統的產物，這個系統以某種方式阻止他批判自己的行為，思考這些行為對真正活著的人所造成的後果。他好像完全無法想像別人的感受。在整個受審過程裡，他一直抱著自欺的信念堅稱自己無辜。他要不是真心那麼想，就是已經打定主意，認為替自己辯護的最佳策略就是自稱只是奉命行事。如果是後者，他就騙過鄂蘭了。

鄂蘭用「邪惡的平庸性」一詞來形容她在艾希曼身上看到的東西。如果一樣東西是「平庸」的，就是很普通、很乏味、沒有新意的。她聲稱艾希曼的邪惡是平庸的，意思是說，那是一個官僚的邪惡、一個辦公室管理者的邪惡，而不是惡魔的邪惡。他是一個非常普通的男子，納粹的觀點影響了他所做的每一件事。

鄂蘭的哲學是受到她周遭事件的激發。她並不是那種一輩子坐在扶手椅裡思考純粹抽象觀念，或者沒完沒了辯論某個字精確意義的哲學家。她的哲學連結到最近的歷史與生活過的經驗。她在著作《平凡的邪惡：艾希曼耶路撒冷大審紀實》裡所寫的內容，是奠基於她對一個人及他使用的各種語言與辯駁方式所做的觀察。她根據她的見聞發展出更具普遍性的解釋，說明了極權國家中的邪惡、還有這種邪惡如何影響不抵抗極權思考模式的人。

## ・服從卻不思索背後的責任

艾希曼就像那個時代的許多納粹份子，無法從別人的角度來看事情。他不夠勇敢，不會質疑加諸他的規則：他只是尋找遵循規則的最佳辦法。他缺乏想像力。鄂蘭形容他膚淺無腦——雖然這也有可能是一種偽裝。如果他是怪物，他會非常可怕。但至少怪物很罕見，通常也相當容易辨認。或許更嚇人的是他看起來這麼正常。他是凡夫俗子，因為沒能耐質疑自己的作為，就參與了人類所知最邪惡的行為。他如果不是生活在納粹德國，就不太可能成為一個邪惡的人。環境條件對他不利，但這一點並沒有去除他的罪過。他順從了不道德的命令，在鄂蘭看來，遵守納粹的命令就等同於支持最後解決方案。他無法質疑他奉命去做的事情，還實踐了那些命令，結果他參與了集體屠殺，儘管他自認只是安排一張張火車時刻表而已。在審判中途，他甚至有一次聲稱自己是根據康德的道德責任理論行事，那彷彿是說他遵守了命令，所以算做了正確的事。他根本完全不懂，康德相信道德的基礎在於以有尊嚴的方式對待人類。

波普是一位維也納知識份子，他運氣夠好，逃過了大屠殺與艾希曼妥善調度的火車。

· 36 ·

# 從錯誤中學習

## 波普與孔恩

一六六六年，有一位年輕的科學家坐在花園裡，一顆蘋果落在地上。他因此疑惑，蘋果為什麼會直直落到地面，不是飛到旁邊或往上跑。這位科學家是牛頓，而這個事件啟發他想出重力理論，解釋了蘋果落下、也解釋了行星的運動。但接下來呢？你認為牛頓接著就收集了無可置疑的證據，證明他的理論為真嗎？根據波普[1]的說法，並非如此。

科學家就像我們所有人一樣，從自己的錯誤中學習。當我們領悟到某個思考現實的方式有誤時，科學就進步了。以上這兩句話是波普認為人類要了解世界的最好方式。在他發展出他的思想以前，大多數人相信科學家的起步是來自一股直覺，他們心中已經猜想世界是何種樣貌，然後收集證據證明自己的直覺是正確的。

根據波普的說法，科學家所做的事情是試圖證明他們的理論為假。檢驗一個理論意味著要看看它是否能被駁斥（被證明為假）。一個典型的科學家先從一個大膽的猜想或推測出發，然後會試著用一連串的實驗或觀察來削弱這個猜測。科學是個創造性的、令人興奮的冒險事業，但它並不證明任何事情為真；科學所做的就只是拋棄錯誤的觀點，然後在這過程中更逼近真理（但願如此）。

波普在一九〇二年生於維也納，雖然他的家庭皈依基督教，他卻是猶太後裔。

1 卡爾．波普（Karl Popper），1902年－1994年，英國哲學家。

一九三〇年代希特勒掌權以後，波普明智地離開祖國，先遷徙至紐西蘭，後來又到了英國定居，接受倫敦政經學院的一個職位。他年輕時對科學、心理學、政治學與音樂有廣泛的興趣，但哲學才是他的真愛。在他人生盡頭，他已經對科學哲學與政治哲學兩者做出重要的貢獻。

## ・歸納法的問題

在波普開始寫作論述科學方法以前，許多科學家與哲學家都相信做科學研究的方法是找出證據來支持你的假說。如果你想證明所有天鵝都是白色的，你就會去觀察一大堆白色天鵝。如果你看到的所有天鵝都是白色的，那麼你的假說「所有天鵝都是白色」似乎很合理。這種推論方式是從「我見過的所有天鵝都是白色」推到結論「所有天鵝都是白色」。但很明顯的是，你沒觀察到的某隻天鵝可能到頭來是黑色的。舉例來說，在澳洲以及世界各地的許多動物園裡都有黑天鵝。所以光憑證據並無法合理推論出「所有天鵝都是白色」這句話。就算你已經看過數千隻天鵝，牠們也都是白的，這句話可能還是錯的。唯一能蓋棺論定「天鵝都是白色」的方法，就是看遍每一隻天鵝。如果正巧有一隻黑天鵝存在，你的結論「所有天鵝都是白色」就會被否證。

這是「歸納問題」的一個版本，休謨在十八世紀曾經談過。歸納法跟演繹法非常不一樣，那就是問題的源頭。演繹法是一種邏輯論證：如果前提（起始假設）是真的，結論便必定為真。舉個著名的例子，「所有人終究會死」與「蘇格拉底是人」是兩個前提，根據前提可以得到合理的結論「蘇格拉底終究會死」。如果你同意「所有人終究會死」，也同意「蘇格拉底是人」，卻拒絕接受「蘇格拉底終究會死」這句陳述為真，你就會自相矛盾；那就像在說「蘇格拉底終究會死、也終究不會死」。有一種思考演繹的想法是：結論的正確性已經以某種方式包含在前提之中，而邏輯只是把結論抓出來而已。以下是演繹法的另一個例子：

**前提一：所有的魚都有鰓。**

**前提二：約翰是一隻魚。**

**結論：所以約翰有鰓。**

要是說前提一與前提二為真、但結論為假，就很荒謬了，那完全不合邏輯。

歸納法與此大不相同。歸納法通常是從一組觀察資料來論證出一個普遍性的結論。如果你注意到連續四週的星期二都在下雨，你可能會把這項觀察普遍化，說星期二總是下雨。這就是歸納法。但只要出現一個乾爽的星期二，星期二總是下雨的主張就不成立了。連續四個濕漉漉的星期二是所有可能存在的星期二的一小部分樣本。就算你做了許多觀察，就好像觀察白色天鵝一樣，光是一個例子牴觸你的普遍化主張，便能讓你受挫，譬如一個乾爽的星期二或者一隻不是白色的天鵝。這就是歸納問題；當歸納法看起來很不可靠，仰賴它去證成假說便會造成問題。你怎麼知道你喝的下一杯水不會毒害你？答案：你過去喝的水都好好的，所以你假定下一杯也一樣好。我們時時刻刻都在用歸納法，然而我們似乎不是完全有理由對這種推論方法寄予這麼大信心。我們假定自然界有模式，但那些模式實際上可能存在、也可能不存在。

## ‧科學進展和不可靠的歸納法

如果你像許多哲學家一樣認為科學進步是靠著歸納法，那麼你就必須面對歸納問題。科學怎麼能以如此不可靠的推論方式為基礎呢？波普則乾淨俐落地避開了這個問題。根據他的說法，科學不是靠歸納。科學家是從一個假說起步，假說是依據資料來猜測現實的本質。譬如「所有氣體在加熱後都會膨脹」，這是個簡單的假說。而真實生活中的科學會在假說階段用上大量的創意與想像。科學家會在許多地方找到靈感，比如化學家凱庫勒[2]做了個著名的夢，夢見一條蛇自噬其尾，他因此提出苯分子結構是六角環狀的假說。這個假說到目前為止仍屹立不搖，科學家還未成功證明它不成立。

科學家的下一步是去找到辦法來測試假說。在「所有氣體在加熱後都會膨脹」這個假說例子裡，便要去找一大堆不同種類的氣體來加熱。但「測試」並不表示找出證據來支持假說，而是設法證明這個假說能夠撐過種種否證的嘗試。在之前的天鵝例子裡，只要一隻黑天鵝就能破壞「所有天鵝都是白色」的普遍性結論。同樣地，只要有一種氣體被加熱的時候沒有膨脹，就足以破壞「所有氣體在加熱

2 奧古斯特‧凱庫勒（August Kekulé），1829年－1896年，德國有機化學家。

後都會膨脹」的假說。

## ．重點在於假說可否被證明為誤

如果一位科學家駁斥了一個假說，那麼就會帶來一點新知：知道那個假說不是真的。人類進步是因為我們學到了知識。觀察到一大堆加熱時確實會膨脹的氣體，不會帶給我們知識，或許只讓我們對自己的假說多一點信心。但一個反例就真的能教會我們一些事情。波普認為，任何假說的關鍵特徵就是它必須有「可否證性」。他用這個觀念來解釋科學與他所謂的「假科學」之間差異何在。一個科學假說是你有機會否證的東西：它做出的預測可能被證明為誤。如果我說「有個無法偵測到的隱形小仙子讓我寫下這句話」，那麼沒有一種觀察能夠證明我的說法有誤。如果小仙子是隱形的，又不留任何痕跡，就沒有任何辦法能夠否證他們存在的主張。它沒有「可否證性」，所以根本不是一句科學陳述。

波普認為許多關於精神分析的陳述（見第三十章）都是無法去否證的，都無法測試或驗證。如果有人說每個人都受到無意識願望的驅策，我們找不到一種測試能證明這一點。根據波普的說法，每一丁點證據，包括有人否認他們受到無意識願望的驅策，都只會被拿來當成精神分析有效的進一步證明。精神分析師會說：「你否認無意識，就顯示出你有強烈的無意識願望要挑戰你父親。」但這句話無法驗證，因為沒有想像得出的證據能夠否證它。波普因此主張精神分析不是一門科學。精神分析無法以科學方法給予我們知識。波普也用同樣的方式抨擊馬克思主義者的歷史論述，因為每個可能的結果都會被馬克思主義者當成支持「人類歷史是階級鬥爭史」的觀點。可見得，馬克思史觀也是奠基於無法否證的假說。

相對地，愛因斯坦「光會被太陽吸引」的理論就是有否證性的，所以是一個科學理論。一九一九年，有人在一次日食期間觀察了星辰的視位置[3]，結果沒有否定這個理論。然而這些觀察是有機會否定它的。來自星辰的光線一般是看不到的，但在日食的罕見狀況下，科學家能看到這些星辰的視位置，正好就在愛因斯坦理論所預測的位置。如果它們看起來是在別的位置，就會削弱愛因斯坦「光如何被非常重的天體吸引」的理論。波普不認為那次觀測證明了愛因斯坦的理論為真。但這個理論的可驗證性，還有科學家無法證明它為假的事實，都對它有利。

3 視位置：假設天球（觀測星星時將夜空視為球形天幕）之半徑為無窮大，將天體投射於天球上的位置。

愛因斯坦做出了可能會有誤的預測，結果卻是對的。

許多科學家與哲學家都極為佩服波普描述的科學方法。贏得諾貝爾醫學獎的梅達瓦[4]就說過：「我認為波普是有史以來最偉大的科學哲學家，無人能比。」科學家特別喜歡波普將他們的活動描述成富有創造力和想像力；他們也覺得波普了解他們實際上怎麼做研究。哲學家也很高興波普避掉了難以解決的歸納問題。然而在一九六二年，美國科學史家兼物理學家孔恩[5]出版了一本書《科學革命的結構》，書中對科學如何進步提出了不同的說法，認為波普搞錯了。孔恩相信波普檢視科學史的時候看得不夠仔細，如果他看得夠仔細，就會看出有個模式浮現了。

## ・科學中的典範

大多數時候，孔恩所謂的「正典科學」持續發展著。科學家共同接受了一個框架或「典範」，並在此框架之內研究。所以，舉例來說，在大家理解到地球是

4 彼得・梅達瓦（Peter Brian Medawar），1915年－1987年，英國科學家。

5 湯瑪斯・孔恩（Thomas Samuel Kuhn），1922年－1996年，美國科學哲學家。

繞著太陽周轉以前，天文典範是太陽繞著地球轉。天文學家會在那個框架內研究，對於任何看似不符框架的證據都會有個解釋。大家會認為像哥白尼一樣想到地球繞太陽轉的科學家一定是計算錯誤。根據孔恩的說法，世界上並沒有等著被發現的事實；在某種程度上，框架或典範把你能夠想到的事情固定下來。

當孔恩所謂的「典範轉移」發生時，事情就好玩了。典範轉移是指整個理解方式被推翻。在科學家發現事態不符既有典範的時候，就會發生這種轉移，好比說，根據太陽繞地球轉的典範無法理解一批新的觀察資料。但就算如此，大家可能要花很長的時間才會拋棄舊有的思維模式。科學家花了一輩子在一個典範內研究，通常並不樂意用不同的方式看世界。他們終於轉向新典範的時候，一段正典科學時期便再度開始，這回他們在這個新框架下研究，然後持續不斷。這就是「地球中心說」的觀點被推翻時的狀況。一旦大家開始那樣思考太陽系，就有非常多的正典科學研究要做，以便了解行星繞著太陽轉的路徑。

毫無意外，波普並不同意這番科學史的描述，不過他確實同意「正典科學」的概念很有用。他自己到底是像抱著過時典範的科學家，還是比孔恩更接近現實的真相，是個很耐人尋味的問題。

科學家利用真正的實驗，另一方面，哲學家則傾向發明思想實驗來讓他們的論證看來更可信。哲學家傅特與湯姆森就發展出好幾個仔細架構的思想實驗，揭露出我們道德思維的重要特徵。

# ・ 37 ・

# 失控的列車與不請自來的小提琴家

## 傅特與湯姆森

有一天你出門去散步，看到一輛失控火車衝出鐵軌，撞向五個工人。司機已經不省人事，可能是心臟病發。如果什麼都不做，所有人都會死，火車會壓扁他們，因為車速實在太快，他們來不及閃開。然而還有一線希望。就在這五個人前面的鐵軌上有個分岔點，另外一條路線上只有一名工人。你很接近轉轍器，可以去扳動它，讓火車轉向，避開那五個人，只殺死一名工人。殺死這個無辜的人是正確的做法嗎？從數字上來看顯然如此：你只殺死一個人，救了五個人。這樣做讓幸福最大化。對大多數人來說，這似乎是正確的。在真實生活中，要扳動轉轍器、眼睜睜看著某個人死掉是非常艱難的，但袖手旁觀、看著五個人死掉又更糟。

這是英國哲學家傅特[1]原創的思想實驗的一個版本。她很有興趣探究為什麼我們可以接受救鐵軌上的五個人，但在某些其他狀況下，犧牲一個人來拯救許多人卻不受容許。想像一個健康的人走進一間醫院病房。病房裡有五個人，他們急需不同的器官。一位如果沒得到心臟移植，肯定會死。另一位需要肝臟，還有一位需要腎臟，各有需求。殺死這個健康的人，把身體切開來提供器官給那五個不健康的人是可以接受的嗎？絕不可能。沒有人會相信殺死一個健康的人，移植他的心臟、肺臟、肝臟、腎臟到另五個人身上是可以接受的。然而這例子就是犧牲

1 菲麗芭・傅特（Philippa Foot），1920年－2010年，英國哲學家。

一個人來拯救五個人，跟火車的例子有何差別？

## ・用想像做實驗

一個思想實驗就是一個想像出來的情境，設計來帶出我們對特定議題的感受，或哲學家所謂對特定議題的「直覺」。哲學家常利用思想實驗。思想實驗讓我們進一步專注於真正要緊的事情上。而傅特這個思想實驗的哲學問題是：「犧牲一條命來拯救更多生命，在什麼時候是可以接受的？」出軌火車的故事讓我們思考這個問題，將關鍵因素分離出來，讓我們看看自己是否覺得這種行為是錯的。

有些人說，在這個例子裡你永遠不該扳動轉轍器，因為那樣是在「扮演上帝」：決定誰應該死、誰又應該活。然而大多數人卻會認為你應該這樣做。

但請再想一下另一個相關例子。美國哲學家湯姆森[2]想出火車例子的另一版本。這一回，失控列車是在一條筆直的鐵軌上撞向五個不幸的工人，如果你不採取行動，他們肯定會喪命。你站在一座橋上，旁邊有個塊頭極大的漢子。如果你

2 茱蒂斯・賈維斯・湯姆森（Judith Jarvis Thomson），生於1929年，美國哲學家。

把他推下橋，他的體重足以讓火車在撞上五個工人以前減速停止。假設你有力氣把這男人推到火車前面，你該這麼做嗎？

許多人都覺得這個情境更加困難，也更傾向說「不」，但在這個情境和軌道有岔路的情境裡，你選擇去行動的後果都是一個人而不是五個人的死亡。事實上，把大個子男人推下橋去非常像是謀殺。但如果兩種情境的後果都一樣，那應該不構成困難才對。也就是說，如果在第一個例子裡扳動轉轍器是正確的，在第二個例子裡把大漢推到火車前面便肯定是正確的。這點很令人困惑。

如果把一個人推下橋會有體能上的困難，或者你想到必須跟此人搏鬥、置他於死地而因此退縮，這個例子可以再修改，讓橋梁上面有個活門。活門就像第一個案例中的轉轍器，有同樣的槓桿原理，你可以用最小的力氣讓大個子男人摔落火車軌道上。你只要扳動一根槓桿就好。但許多人認為這個狀況比起鐵軌上有岔路的例子更悖德。為什麼呢？

有一種解釋是所謂的「雙重後果法則」。舉個例子：用力毆打一個人致死可能不算錯，但這只有在你的意圖是自我防衛、而且輕輕一擊保護不了你的狀況下才成立。一個善意行為（在上例中就是自救）出現可預見的糟糕副作用，在道德上是可接受的，但刻意傷害就不是。出門去毒死一個打算殺你的人是不對的。在第一種自我防衛的狀況中，你有一個可容許的意圖，只是這樣做會導致某人的死亡。在第二種狀況裡，你是有意殺死某人，那就不能容許了。對有些人來說，「雙重後果法則」解決了難題。但也有人認為它是錯誤的。

## ・想像中的難題難免也會成真

這些例子可能看似異想天開，跟日常生活無關，它們從來沒打算符合現實，是設計來澄清我們信念的思想實驗。但真實世界的情境偶爾確實會導致類似的選擇。舉例來說，二次大戰時，納粹空投飛彈到倫敦的一些地區。一個德國間諜成了雙面諜，英國人有機會把誤導性的訊息傳給德國人，說火箭掉到比他們預定目標偏北許多的地方。如此一來，德國人會改變投彈目標，火箭就不會掉在倫敦人口稠密的區域，而會落在更南邊的肯特郡與薩里郡。換句話說，送出這個情報有可能讓被殺的人變少。但最後，英國人決定不要扮演上帝。

在一個不同的真實情境中，參與者決定採取行動。那是一九八七年的澤布呂赫災難事件，一艘載運汽車的渡輪沉沒了，幾十個乘客掙扎著要脫離冰冷的大海，有個年輕男子正沿著一具繩梯爬到安全處，他卻嚇僵了，動彈不得。他待在那個位置至少十分鐘，擋住別人都無法離開海面。如果不快點離開海面，他們都會溺斃或凍死。最後水中的人把他拉下梯子，設法逃到安全的地方。這個年輕男子掉進海裡溺斃了。要把他拉下梯子一定是非常痛苦的決定，但在極端的情境下，就像失控火車的例子，犧牲一個人拯救許多人可能是正確的做法。

哲學家仍然在爭論火車的例子，還有應該如何解決。他們也在爭論湯姆森的另一項思想實驗。這項實驗是為了證明一個用了避孕法卻還是懷孕的女人並沒有道德責任繼續懷著寶寶。她可以做墮胎手術而不犯任何道德的錯。在這種狀況下懷著寶寶是一種善舉，卻不是義務。傳統上，關於墮胎道德性的辯論都聚焦於胚胎的觀點。湯姆森的論證很重要，因為大大強調了婦女的觀點。以下就是這項實驗的例子。

有位著名的小提琴家罹患腎臟病。他唯一的存活機會，就是和一個血型跟他同樣罕見的人身體連身體。而你就有那種血型。有天早上你醒過來，發現醫生趁睡覺時把他連到你的腎臟上了。湯姆森論證道，在這種情境下，你沒有責任要讓他一直連在你身上，就算你知道抽掉管子以後他就會死。同理可證，如果一個女人用了避孕手段卻還是懷孕，發育中的胚胎不會因此就自動有權利用她的身體，就像那個小提琴家沒有權利用你的身體。

在湯姆森引進這個例子以前，許多人都認為關鍵的問題是：「胚胎是有人格的人嗎？」他們相信如果可以證明胚胎是有人格的人，那麼墮胎在每一種狀況下都是明顯不道德的。湯姆森的思想實驗卻指出，就算胚胎是人，也不能結束爭論。

當然，不是每個人都同意這個答案。有些人還是認為，就算你一覺醒來發現有個小提琴家連到你的腎臟上了，你還是不該扮演上帝。這樣的人生會很難過，除非你真的很愛小提琴音樂。但就算你沒有選擇幫助小提琴家，要殺死他還是個錯誤。同樣地，許多人都相信你永遠不該刻意終結健康的身孕，即使你沒打算懷孕也採取了預防措施。不過話說回來，這個聰明的思想實驗確實帶出了這些不同意見底下暗藏的處事原則。

政治哲學家羅爾斯也用了一個思想實驗，他藉此探究正義的本質，以及組織社會的最佳原則。

· 38 ·

# 透過無知達成公平

## 羅爾斯

或許你很有錢。或許你超級有錢。但我們大多數人並不是，有些人還非常貧窮，短促的人生中大半時間都挨餓生病。這似乎不對也不公平，的確如此。如果世界上有真正的正義，就不會有任何一個小孩挨餓、富人卻錢多到不知怎麼花。每個生病的人都有管道得到良好的醫療；非洲的貧民處境不會比美國與英國的窮人糟糕這麼多；西方國家的富人不會比那些沒有過錯卻生來居於劣勢的人富有好幾千倍。正義就是公平對待人。我們周遭有些人的生活充滿了美好事物，另一些人雖然自己沒有過錯，生存方式卻沒多少選擇：無法選擇工作，甚至不能選擇居住的城鎮。有些人想到這些不平等的時候，只會說：「哎，好啦，人生就是不公平。」然後聳聳肩了事。他們通常就是特別幸運的那些人。但也有人會花時間思考怎麼組織一個更好的社會，或許還試著要改造社會，變得更公平。

一個謙遜文靜的哈佛學者羅爾斯[1]，他的一本著作改變了人類思索這類事情的方式。這本書是《正義論》（一九七一年出版），他苦思將近二十年的結晶。實際這上是一位教授寫給其他教授讀的書，書寫方式是相當枯燥的學術風格。然而跟大部分這類的書不同，《正義論》並沒有躺在圖書館裡積灰塵；不僅沒有，還變成了暢銷書。從某些方面來說，這本書的讀者如此多很讓人訝異，不過關鍵

1 約翰・羅爾斯（John Rawls），1921年－2012年，美國政治哲學家。

的論點實在太有意思，所以很快就有人宣稱它是二十世紀最有影響力的書籍之一，哲學家、律師、政治家以及許多人都在讀，羅爾斯自己做夢都沒想過會這樣。

羅爾斯曾在二次大戰時參戰，一九四五年八月六日原子彈空投到廣島時，他人在太平洋上。他的戰時經驗影響他很深，他相信使用核武是錯誤的。就像許多曾經經歷那時代的人，他想要創造一個更好的世界、更好的社會。但他帶來改變的方式是透過思考與寫作，而不是加入政治運動與集會。他執筆寫作《正義論》的時候，越戰方酣，橫跨全美的大規模反戰示威正在進行，這些示威不完全是和平的。羅爾斯選擇以寫作討論抽象的一般正義問題，而不是困在當時的議題之中。他的研究核心是：我們必須想清楚我們要怎麼共同生活，還有國家影響我們生活的種種方式。要讓我們的存在堪可忍受，我們就必須合作。但要怎麼合作呢？

## ・對誰來說的美好社會

請想像你必須設計出一個更美好的嶄新社會。你可能會問的一個問題是：

「誰該得到什麼？」如果你住在一棟有室內游泳池與僕人的漂亮大宅裡，還有一輛私人噴射機隨時能迅速送你去一座熱帶小島，那麼你很可能會想出一個有些人非常富裕，或許是工作最努力的那些人，其他人則窮得多的世界。如果你現在過著赤貧的生活，那麼你可能會設計出一個不許任何人超級有錢的世界，每個人都得到一份更平等的可用資源：不准有私人噴射機，而不幸的人會有更好的機會。人性就像這樣：人在描述一個更美好的世界時，往往會想到自己的處境，無論他們自己有沒有察覺到這一點。這些成見與偏好會扭曲政治思維。

## ・無知之幕

羅爾斯的神來之筆是想到一個思想實驗，他稱之為「原初境況」，淡化了我們全都有的一些自私偏見。他的主要概念非常簡單：設計一個更好的社會，而且你設計時不知道自己會處於什麼樣的社會地位。你不知道你會有錢還是貧窮、身體有障礙還是外表好看、是男還是女、醜不醜、聰不聰明、別有天賦或欠缺長才、是同性戀、雙性戀或異性戀。他認為在這個想像的「無知之幕」後面，你會選擇比較公平的原則，因為你不知道你最後可能會是什麼狀態、可能會是哪種人。透過這個在不知道自身地位狀況下做選擇的簡單設計，羅爾斯發展出了正義論。正義論奠基於他認為所有理性的人都會接受的兩個原則，也就是自由與平等。

第一個原則是他的自由原則：每個人都應該有權行使一整組的基本自由，這種基本自由是絕不能剝奪的，譬如信仰自由、投票選舉領導人的自由，還有廣泛的表達自由。羅爾斯認為，就算這些自由權受到部分限制可以改善大部分人的生活，但它們還是太重要，應該得到高於一切的保護。羅爾斯就像所有的自由主義者極為重視這些基本自由，他相信每個人都有權行使這些自由，沒有人可以奪走。

羅爾斯的第二個原則叫差異原則，完全就是在談平等：我們應該安排社會讓最弱勢者得到更平等的財富與機會。如果對最弱勢者沒有直接幫助，就不容許出現大家得到金錢不等量的不平等狀態。好比說，只有在下列情境才能容許一個銀行家的薪水比最低薪工人多一萬倍：最低薪工人會因此直接獲益，多得到一筆錢，但如果銀行家拿到的錢比較少，最低薪工人就無法多得到那筆錢。如果讓羅爾斯來主控，沒有人能多取大量的財富，除非最後會讓最窮的人得到更多錢。羅爾斯認為，如果理性的人不知道自己會富有或貧窮，就會選擇這種世界。

羅爾斯之前的哲學家與政治家在思考「誰該得到什麼」時，通常會論證支持一個產生最高平均財富的社會環境。那就表示有些人可能變得超級富有、許多人普通有錢、少數人則非常窮。但對羅爾斯來說，無人超級有錢、但每個人都有更平等財富的社會即使平均財富比較少，仍然優於前述那種社會。

## ・優秀是否就該得到更多

這個觀念很有挑戰性，對那些能在當前的世界中賺取高薪的人尤其如此。另一位重要的美國政治思想家諾齊克的政治傾向比羅爾斯更偏右，便對此觀念有所質疑。去看一位傑出棒球選手的球迷，當然應該能自由地把一小部分買票錢給予那位選手。他們有權以這種方式花錢。要是有數百萬人來看這個運動員，那麼他就會賺進數百萬元，而諾齊克覺得這樣很公平。羅爾斯卻完全不同意諾齊克的觀點。羅爾斯主張，除非最窮困的人因為這個交易的結果變得更富有，否則不該容許這位棒球選手的個人收入增加到這麼高的程度。羅爾斯有個引人爭議的信念是，身為一個有天分的運動員或一個極端聰明的人，並不會因此自動有權得到更高的收入。這有一部分是因為他相信運動能力和智商之類的事其實跟運氣有關。不能只因為你運氣夠好，天生跑得很快、身為偉大的球類運動選手或非常聰明，你就應該得到更多。擁有運動天賦或聰明才智是贏得「大自然樂透」的結果。許多人都強烈不同意羅爾斯的看法，他們覺得優秀就應該得到回饋。但羅爾斯認為，「擅長一件事情」與「應該得到更多」並沒有自動相連的關係。

但要是在無知之幕後面，有些人寧願冒險賭一把呢？要是他們把人生想成樂透，想要確保社會上有些非常吸引人的好位置呢？賭徒要是有機會變得極端富裕，就可能甘冒變成窮人的風險吧。所以他們會比較喜歡一個經濟可能性更多樣的世界，而不是羅爾斯描述的那種世界。羅爾斯相信理性的人不會想用這種方式拿自己的生命來賭博，或許他料錯了。

二十世紀的多數時間裡，哲學家都不再接觸過往的偉大思想家了。在這個世紀裡完成的政治哲學作品中，羅爾斯的《正義論》是極少數與亞里斯多德、霍布斯、洛克、盧梭、休謨與康德一脈相承又值得一提的。羅爾斯本人太謙遜，不會同意這一點；然而他的榜樣已經啟發了現在寫作的新一代哲學家，包括桑德爾[2]、博格[3]、納思邦[4]、金里卡[5]等人，他們全都相信哲學應該處理我們能夠如何共同生活、應該如何共同生活的深刻難題。不像上一代的某些哲學家，他們並不怕嘗試回答這些問題，不怕刺激社會改變。他們相信哲學應該實際改變我們生活的方式，而不只是改變我們如何討論生活的方式。

另一位抱持這種觀點的哲學家是彼得．辛格，他是本書最後一章的主角。不過在了解他的思想之前，我們要先探索一個每天都變得更切身的問題：「電腦會思考嗎？」

---

2 邁可．桑德爾（Michael J. Sandel），生於1953年，美國政治哲學家。

3 湯瑪斯．博格（Thomas Pogge），生於1953年，美國政治哲學家。

4 瑪莎．納思邦（Martha C. Nussbaum），生於1947年，美國哲學家。

5 威爾．金里卡（Will Kymlicka），生於1962年，加拿大政治哲學家。

· 39 ·

# 電腦會思考嗎？

## 圖靈與瑟爾

你坐在一個房間裡，房間裡有一扇門，門上有個信箱。偶爾會有一張上面畫著潦草圖形的卡片從門上穿過，掉在門口地墊上。你的任務是從放在房間桌上的一本書裡查出那個圖形。每個圖形都跟書上的一個記號配成一對。你必須在書裡找出你的圖形，查看配對的記號，然後從房間裡的一包卡片中找到有相符記號的卡片。你小心翼翼透過門上的信箱把那張卡片推出去，就這樣完成了一次任務。你工作了一陣，心裡很納悶發生了什麼事。

這是「中文房」思想實驗，美國哲學家瑟爾[1]的發明。這個想像情境是用來顯示出一部電腦不會真正地思考，就算它看起來會。要了解這個「中文房」到底發生什麼事，你必須先了解什麼是圖靈測試。

圖靈[2]是一位出色的劍橋數學家，他協助發明了現代的電腦。二次大戰時，他在英國布萊切利莊園建造的計算機破解了德國潛水艇指揮官使用的「謎」密碼機，讓盟軍得以截獲訊息，知悉納粹的計畫。

有一天電腦可能做到破解密碼以外的事情，還有可能真正具備智能，這個想法很吸引圖靈，所以他在一九五〇年提出一種測試方式，任何電腦都必須通過才算是具備智能。這個測試後來稱為圖靈測試，但他本來稱之為「模仿遊戲」。圖

1 約翰・瑟爾（John Searl），生於1932年，美國哲學家。

2 艾倫・圖靈（Alan Turing），1912年－1954年，英國數學家。

靈想出這樣的測試是因為他相信，大腦的有趣之處不在於它有著像冷麥粥一樣均勻的質地；大腦的功能性比它移出頭部時會晃動、或者它是灰色的事實來得重要。電腦也許硬邦邦的，由電子零件組成，但還是能做到許多大腦會做的事。

## ．圖靈測試

當我們判斷一個人是否聰明，我們是以他對問題的回答為依據，而不是打開他的大腦，看看神經元怎麼聯合運作。所以，在我們評斷電腦有沒有智能時，要把焦點放在外在證據、而非它們內在的建構方式才公平。我們應該檢視輸入值與輸出值，而不是血液和神經，或者裡面的線路跟電晶體。圖靈建議的測試如下。一位測試者在一間房裡，把一段對話打在螢幕上。測試者不知道自己透過螢幕說話的對象是在不同房間的人，還是正在自行產出答案的電腦。如果測試者在對話中分辨不出回應者是有人格的物體或一個人類，電腦就通過了圖靈測試。如果一部電腦通過了這個測試，那麼我們就可以合理地說它是有智能的，而且這不只是譬喻而已，也表示它像人類有智能。

瑟爾的中文房例子則是打算披露，就算一台電腦通過了人工智慧的圖靈測試，也不證明它真的了解任何東西。請回想：你在那個房間裡，怪異符號從信箱塞進來，而且你正透過信箱把別的符號塞回去，桌上有一本書（規則手冊）在指導你。這對你來說是沒有意義的差事，你根本不知道你為什麼做。其實，你已經在不知不覺間以中文回答問題了。你只會講英文，根本不懂中文，但是塞進來的記號是以中文寫下的問題，你給出去的記號則是對那些問題看似可信的回答。有你在裡面的中文房贏了「模仿遊戲」。你給的答案會愚弄外面的人，讓對方認為你真的懂得你在講什麼。所以，這表示通過圖靈測試的電腦不必然就有智能，因為在房間內的你根本不知道那些問題與答案是什麼。

## ‧表達意義與懂得意義是兩回事

瑟爾認為電腦就像中文房裡的人：並不真的有智能，也無法真正思考。電腦做的事情就只是照著它的製造者設定好的規則來移動符號。電腦所用的程序是內建在軟體裡的，但這跟真正理解一件事或者擁有真正的智能大不相同。換句話說，用程式設定好電腦的人給了它語法：以正確順序處理那些符號的規則。不過他們並沒有給電腦語義，也就是沒有為符號賦予意義。人類說話是在表達意義，思緒以各式各樣方式連結到這個世界。電腦看起來在表達意義，卻只是在模仿人類思想，有點像是鸚鵡。雖然一隻鸚鵡可能會模仿人說話，牠卻從來沒有了解牠在說什麼。瑟爾認為電腦也一樣，並不真正理解或思考任何事：你無法光靠語法就了解語義。

有人批評瑟爾的思想實驗是觀察房間裡的人懂不懂發生什麼事，但那是錯誤的，房間裡的人只是整個系統的一部分，就算他不懂發生什麼事，或許這整個系統（包括房間、密碼手冊、那些符號等等）懂。瑟爾對此種反駁的回應則是改變他的思想實驗，不再想像房間裡有個人在搬弄符號，而是想像這個人已經記住整本規則手冊，然後到了外頭一片田野的中央，交回適當的符號卡片。這個人仍然不了解個別的問題，但他對於那些中文問題還是給出了正確答案。理解牽涉到的不只是給出正確答案而已。

然而有些哲學家仍然確信人類心靈正如電腦程式。他們相信電腦真的會思考，也確實在思考。如果他們是對的，那麼或許將來有一天，心靈有可能從人的大腦傳送到電腦裡。假設你的心靈是一個程式，在你頭殼裡那團濕軟的腦組織裡運行，並不表示將來就不能在別處某台閃亮的大電腦裡運行。在具備超級智能的電腦幫助下，如果有人設法勘測出組成你心靈的數十億功能性連結，那麼或許某天你就可能死後猶存。你的心靈可以上傳到一台電腦裡，在你的身體被埋葬或火化以後，還能長久運作下去。那樣的存在方式好不好，則是另一個問題。如果瑟爾是對的，我們就無法保證上傳的心靈會像你現在這樣有意識，就算它給出的反應似乎顯示它是有意識的。

圖靈在超過六十年前執筆為文時，已經確信電腦能夠思考。如果他是對的，可能再過不了多久，我們就會發現電腦在思考哲學；這種可能性高過利用電腦讓我們死後猶存。或許有一天，哲學家已經與之搏鬥了數千年的種種疑問，包括我們應該如何生活、現實的本質等等基本問題，電腦甚至會有些有趣的見解。就目前而言，我們仍必須仰賴血肉之軀的哲學家，來澄清我們在這些領域內的想法。而最有影響與最具爭議的哲學家，包括了彼得．辛格。

· 40 ·

# 現代牛虻

彼得·辛格

你身在一個花園裡，知道這裡有個池塘。你聽到一陣水花濺起、還有喊叫聲。你明白有個幼童掉下去，可能溺水了。你要怎麼做？你會走過去不管嗎？就算你已經答應要見一位朋友，停下腳步就會遲到，你肯定還是會把小孩的生命看得比準時更重要。池塘相當淺，不過泥濘不堪，如果下去幫忙的話，會毀掉你最好的鞋子。但如果你不跳下去，別期待別人會諒解。這關乎人性，還有重視生命價值。一個孩子的性命實在比任何一雙鞋都寶貴得多，就算那雙鞋貴得要命。有人要是不這麼想，一定是怪物。你會跳進水裡，對吧？你當然會。話說回來，你可能也有足夠的錢，能阻止一個非洲孩子死於飢餓或死於某種可以治癒的熱帶疾病。那筆錢可能不會比你下池塘救小孩而打算毀掉的鞋子貴多少。

你為什麼沒有幫助其他小孩（假設你沒那樣做）？捐一小筆錢給正確的慈善團體，就能拯救至少一條生命。有這麼多兒童疾病，只要用相對少許的金錢購買疫苗和其他醫藥，就能夠輕鬆預防。但你對某個垂死非洲人的感覺，為什麼跟你眼前遇溺的孩子不同？如果你對這兩者感覺相同，那你很不尋常。我們大多數人對兩者都有不同感覺，儘管這種感受的差異讓我們自己有點不自在。

澳洲哲學家彼得．辛格[1]曾經論證說明，你眼前溺水的孩子跟非洲的飢餓孩

1 彼得‧辛格（Peter Singer），生於1946年，澳洲哲學家。

童差別沒那麼大。我們應該更關心我們能在全世界拯救的那些人。如果我們沒有作為，那麼本來有機會存活的孩子肯定會早夭。這不是猜測，我們知道這是事實。我們知道每年都有幾千幾萬個孩子死於跟貧窮有關的因素。有些人死於飢餓，而在已開發國家的我們，卻會把冰箱裡還來不及吃就爛掉的食物扔了。有些人甚至沒有乾淨的水喝。所以我們應該拋棄一兩樣並不真正需要的奢侈品，以便幫助那些不幸生錯地方的人。辛格主張這是我們應有的作為。這種哲學雖很難身體力行，但那不表示他的看法錯誤。

## ・你的作為正在影響其他人的生命軌跡

你可能會說，如果你不捐錢給慈善機構，也有別人會捐。但這有個風險，就是我們全會像旁觀者一樣，人人都以為有別人會做必要的事。世界各地有那麼多人在赤貧狀態下生活，每天晚上餓著肚子上床，把慈善事業留給少數人去做無法滿足他們的需求。的確，在小孩在你眼前溺水的例子裡，很容易看出來是否有別人來救這孩子。至於在遠方異國受苦的那些人，我們可能比較難知道自己的作為與其他人的行動會造成什麼影響。但那並不表示什麼都不做就是最佳解決方案。

與這個論點相關連的，還有一股恐懼：我們就怕捐錢援助海外以後，會讓窮人依賴富人，不再去找方法栽種自己的作物、鑿自己的水井、蓋自己的住處，長久下去，可能比你根本不捐錢還要糟。有些例子是整個國家變得仰賴外援。然而這並不意味著我們不該貢獻慈善活動，而是應該小心翼翼地思考這些慈善活動提供的是哪種援助。我們不能因此順理成章地說我們不該試著幫忙。某些種類的基本醫療援助可以給窮人很好的機會變得不仰賴外來助力。有些慈善團體非常擅長訓練當地人自立自助，與建能提供乾淨飲水的水井，或者提供健康教育。

辛格的論證並不是說，我們應該只出錢幫助別人，而是說我們應該捐贈給最有可能讓世界上處境最糟糕的人獲益、讓他們擁有能力獨立生存的慈善團體。他的意思很清楚：幾乎可以說你絕對可以對別人的生命造成真正的影響，而且你應該如此。

在目前在世的哲學家中，辛格算是數一數二知名的。這有一部分是因為他挑戰過好幾個人們普遍接受的觀點。他相信的一些事情是極端有爭議的。許多人相信人類性命絕對神聖，殺死另一個人類永遠都是錯的。辛格不這麼想。舉例來說，如果某人持續處於一種無法逆轉的植物人狀態，只是身體活著，卻缺乏有意義的意識狀態，將來也缺乏任何痊癒的機會與希望，那麼辛格主張安樂死或慈悲殺害可能是妥當的做法。他相信讓這種人活在這樣的狀態沒有什麼意義，因為他們沒有能力感受樂趣或察覺自己偏好的生活方式。他們沒有繼續活下去的強烈願望，因為他們根本沒辦法有任何願望了。

這樣的觀點讓他在一些領域裡不受歡迎。他為特殊情境下的安樂死辯護，結果有人叫他納粹——事實上他父母是逃離納粹統治的維也納猶太人。他們這樣貼標籤，是指納粹曾經殺死成千上萬名生病而且身體或心理失能的人，理由是納粹認定這些人的生命不值得活。然而把納粹此項計畫稱為「慈悲殺害」或「安樂死」是錯誤的：納粹並非為了阻止不必要的苦難，而是要擺脫那些「無用的飯桶」，因為他們不能工作，而且汙染了亞利安種族血統，根本沒有「慈悲」可言。相對地，辛格感興趣的是當事人的生命品質，他絕對不會對納粹政策有任何一點支持。但他的一些反對者卻醜化他的觀點，讓兩者聽起來非常近似。

## ・為動物發聲

辛格一開始出名是因為他對動物的待遇發表了一些很有影響的著作，特別是一九七五年出版的《動物解放》。十九世紀早期，邊沁曾經主張有必要認真看待動物承受的苦難，但辛格在一九七〇年代首度針對這個主題寫作時，鮮少有哲學家也如此看待。辛格就像邊沁與彌爾（見第二十一章與第二十四章）是結果論者，他相信最佳行動就是會產生最佳結果的行動，而要達成最佳結果，我們必須考慮所有相關人事物的最佳利益，也包括動物的利益。辛格跟邊沁一樣相信，大多數動物有個相關的關鍵特徵是感受痛的能力。身為人類，有時候我們感受到的痛苦會比類似處境下的動物更強烈，因為我們有能力理性思考，理解我們發生了什麼事，因此這一點也需要列入考量。

辛格稱呼那些不夠重視動物利益的人為「物種主義者」。這個用語類似種族主義者或性別主義者。種族主義者對自己種族成員有不同的態度，會給予特殊待遇，卻不會給其他種族的成員有應得的待遇。舉例來說，就算同時應徵工作的黑人資歷更好，一個白人種族主義者還是會把工作給另一個白人。那顯然是不公平又錯誤的。物種主義就像種族主義一樣，來自於你只看見自己這個物種的觀點，或者極端偏袒對自己物種有利的事情。身為人類，我們許多人在決定要做什麼的時候只考慮到其他人類，但這樣是錯的。動物也可能受苦，牠們的痛苦也該納入考慮。

給予同等的尊重，並不表示用完全一樣的方式對待每一種動物，那樣就不合理了。如果你一巴掌拍向馬的屁股，你可能不會讓馬太痛，因為馬皮很厚。但如果你這樣對待一個人類嬰兒，可能會讓他痛不可當。又如果你很用力打馬匹，讓牠跟挨了一巴掌的人類嬰兒一樣痛，那就跟打嬰兒一樣在道德上是錯誤的。當然，兩種事情你都不該做。

辛格論證說我們全都應該成為素食者，因為我們不必吃動物就能輕鬆過得很好。大多數利用動物的食物製造業造成了種種苦難，有些農場非常殘酷，讓動物承受了極大痛楚。舉例來說，養雞工廠裡的雞被關在小籠子裡，有些豬隻是養在小到不能翻身的豬圈裡，而屠牛的過程通常讓牛極端痛楚難受。辛格主張，讓這樣的農業繼續經營在道德上不可能是對的。但就算更人道的動物養殖方法也是不必要的，因為我們可以相當輕鬆地過不吃肉的生活。他說到做到，實踐自己的原則，甚至在一本著作裡放了一份扁豆燉湯食譜，鼓勵讀者尋求肉食以外的選擇。

農場動物並不是唯一在人類手中受苦的生物。科學家利用動物來做研究，不只有老鼠跟天竺鼠，貓、狗、猴子，甚至黑猩猩也會出現在實驗室裡，許多動物被下藥或承受電擊的時候都在承受身心痛苦。辛格用來測試任何研究是否合乎道德的做法如下：我們會願意在一個大腦損傷的人類身上執行同樣的實驗嗎？他相信，如果答案是否定的，那麼在心理覺察程度跟人類相似的動物身上做實驗也是不對的。這是個很嚴苛的測試，能通過的實驗並不多。所以實際上，辛格強烈反對在研究中使用動物實驗。

辛格對道德問題的整體研究方法是以一致性為基礎。一致性就是用同樣的方式對待同類的案例。這跟邏輯有關：如果傷害人類的錯處在於它會導致痛苦，那麼其他動物的痛苦也應該納入我們的考量而影響我們的行為。如果傷害一隻動物帶來的痛苦超過傷害一個人，那麼在你必得傷害其一時，最好傷害那個人。

## ・當個蘇格拉底式牛虻

辛格就像比他早了許多許多年的蘇格拉底，冒著個人風險來公開宣布我們應該如何生活。他的一些演講曾經引起抗議，還曾接到死亡威脅。然而他代表了哲學的最佳傳統。他持續挑戰大家廣為接受的假設。他的哲學影響了他怎麼生活，而當他不同意別人的時候，總是願意挑戰周遭人士的意見、參與公共討論。

最重要的是，辛格採用了研究周詳的事實，架構出理性的論證，以支持他的結論。你不必同意他的結論，就能看出他身為哲學家的真誠。說到底，哲學是靠著辯論而茁壯。人們各有立場，運用邏輯與證據彼此辯論，才讓哲學欣欣向榮。比方說，如果你不同意辛格對動物道德地位的看法，或者何種情境下安樂死合乎道德的觀點，讀他的書還是很有可能讓你努力思考你實際上相信什麼，以及事實、理由與原則如何支持你的信念。

哲學起於尷尬的問題與困難的挑戰，有類似彼得．辛格這樣的牛虻哲學家存在，蘇格拉底的精神很有機會繼續形塑哲學的未來。

# 哲學的40堂公開課
## 從「提問的人」蘇格拉底到電腦之父圖靈，與大師一起漫步的哲學小旅程
*A Little History of Philosophy*


作　　者　奈傑爾·沃伯頓(Nigel Warburton)
譯　　者　吳妍儀
美術設計　莊謹銘
內頁排版　高巧怡
特約編輯　黃威仁
行銷企劃　林瑀、陳慧敏
行銷統籌　駱漢琦
業務發行　邱紹溢
營運顧問　郭其彬
責任編輯　劉文琪
總　編　輯　李亞南
出　　版　漫遊者文化事業股份有限公司
地　　址　台北市松山區復興北路331號4樓
電　　話　(02) 2715-2022
傳　　真　(02) 2715-2021
服務信箱　service@azothbooks.com
網路書店　www.azothbooks.com
臉　　書　www.facebook.com/azothbooks.read
營運統籌　大雁文化事業股份有限公司
地　　址　台北市松山區復興北路333號11樓之4
劃撥帳號　50022001
戶　　名　漫遊者文化事業股份有限公司
初版一刷　2014年9月
初版39刷-1　2022年3月
定　　價　台幣330元

ISBN　978-986-5671-09-9




國家圖書館出版品預行編目 (CIP) 資料

哲學的40堂公開課：從「提問的人」蘇格拉底到電腦之父圖靈, 與大師一起漫步的哲學小旅程 / 奈傑爾. 沃伯頓(Nigel Warburton) 著 ; 吳妍儀譯. -- 初版. -- 臺北市 : 漫遊者文化出版 : 大雁出版基地發行, 2014.09
面；　公分
譯自 : A little history of philosophy
ISBN 978-986-5671-09-9( 平裝)
1. 西洋哲學
140　　103016037